Michael Stavarič

DÉJÀ-VU MIT POCAHONTAS
RARITAN RIVER

GEGRÜNDET
1999

Michael Stavarič

DÉJÀ-VU MIT POCAHONTAS
RARITAN RIVER

Czernin Verlag, Wien

Stavarič, Michael: Déjà-vu mit Pocahontas. Raritan River /
Michael Stavarič
Wien: Czernin Verlag 2010
ISBN: 978-3-7076-0326-2

Umschlaggestaltung, Satz: Inge Mayer
Autorenfoto: Lukas Beck
Lektorat: Eva Steffen
Druck: Druckerei Theiss, A-9431 St. Stefan
ISBN: 978-3-7076-0326-2

Vows are spoken
To be broken
Feelings are intense
Words are trivial
Pleasures remain
So does the pain
Words are meaningless
And forgettable

(Depeche Mode – Enjoy The Silence)

hallo michael,
ich bin jetzt schon groß und darf auch mal selbst entscheiden, was wir machen. ich habe dem verleger erster stunde gegenüber erwähnt, dass du eventuell etwas für uns hättest und er hat sich sehr gefreut.
in unsere literaturreihe würde es sehr gut passen. nach meinem gejammere im mq, dass zu viel und zu wenig gutes geschrieben wird, dürfte dir auch klar sein, dass wir ab nächstem frühjahr platz im programm hätten. oder herbst 10. oder frühjahr 11 ... und bei uns ist die abgabe nicht ein jahr vorher!
ich hoffe, dein rücken bedrückt dich nicht länger. und du hast eine nicht zu
stressige lesereise!
liebe grüße
eva
schön, da setzt jemand auf mich. solange du dich nicht auf mich setzt. von wegen schwerer werdenden aufgaben.

hallo eva,
bin wieder zurueck aus ulm, eine wirklich huebsche stadt ... und ein tolles muenster. hab mich allerdings blamiert, glaubte immer »der« muenster. aber es ist »das«. na ja. als ex-tscheche darf man viell. auch geschlechter durcheinander-bringen.
und ich hab soeben in ulm zwei neue stationen (pocahontas) geschrieben ... und ja, ich wuerds wirklich sehr gern mit euch machen. punkt. und ich hoffe, dass mir noch genuegend kleine »stationendramen« einfallen. wobei ich es vom umfang ueberschaubar halten will, eine zugfahrt dauert schliesslich nicht ewig. und die »dichte« soll ja fuer sich stehen.
denk und hoff also, dass wir herbst 10 oder fruehjahr 11 das projekt publizieren. wobei herbst 10 viell. der neue roman bei beck von mir erscheint. synergie? oder doch lieber dann fruehjahr 11?
sollte mich mein ruecken bis dahin nicht hinraffen ...
he, ich fuehl mich schon ganz wie ein czernin-autor :)
wo bleibt meine massage?
herzlich
michael
wenn ich dir zu schwer sein sollte, ist nun wirklich die schwerkraft schuld. 9,80665 newton. die einzige zahl, die ich im schlaf kann. wusste doch immer: die schwerkraft, die sollte man draufhaben.

Inhalt

An 13.25 Ab 13.28

102 km

Nürnberg Hbf

BahnCard-Kunden erhalten mit "City-Ticket" * eine kostenlose Anschlussfahrt im Stadtgebiet Nürnberg (Tarifzonen 100/200 ohne Fürth).

13.36 **RE 3521** Neukirchen (b Sulzb) 14.06 Vilseck 14.21 Weiden (Oberpf) 14.45 Neustadt (Waldnaab) 14.53

13.37 **ICE 1706 Erlangen 13.55 Bamberg 14.14 Lichtenfels 14.31 Jena Paradies 15.52 Leipzig Hbf 16.46 Lutherstadt Wittenberg 17.20 Berlin Südkreuz 17.58 Berlin Hbf (tief) 18.05 Berlin Gesundbrunnen 18.16 - Mo - Fr, So - Neustrelitz Hbf 19.21 Waren (Müritz) 19.48 Rostock Hbf 20.30 Warnemünde 20.44**

13.37 **S 1** Lauf (links Pegnitz) 14.01

13.38 **RE 4143** - Sa, So - Schwabach 13.47 Roth 13.55 Pleinfeld 14.13 Weißenburg (Bay) 14.22 Treuchtlingen 14.30 Donauwörth 14.56, weiter in Richtung München Hbf

13.38 **RE 35933** - Mo - Fr - Schwabach 13.47 Roth 13.55 Pleinfeld 14.13 Weißenburg (Bay) 14.22, weiter in Richtung München Hbf

13.39 **RE 353** Amberg 14.30 Schwandorf 14.50 Cham (Oberpf) 15.23 Furth i Wald 15.39 Domažlice 16.09 Plzeň hl.n. 16.57 Rokycany 17.26 Beroun 18.12 Praha-Smichov 18.42 Praha hl.n. 18.50

13.41 **IC 2066 Ansbach 14.06 Crailsheim 14.33 Schwäbisch Hall-Hessental 14.52 Backnang 15.26 Stuttgart Hbf 15.53 Vaihingen (Enz) 16.15 Mühlacker 16.22 Pforzheim Hbf 16.32 Karlsruhe Hbf 16.53**

13.45 **RE 4978** Fürth (Bay) Hbf 13.52 Erlangen 14.04 Forchheim (Oberfr) 14.15 Bamberg 14.31 Bad Staffelstein 14.50 Lichtenfels 14.56 Coburg 15.30 Sonneberg (Thür) Hbf 15.54

13.46 **S 3** Schwabach 14.04 Roth 14.14

13.48 **S 2** - Mo - Fr - Nürnberg Frankenstadion 13.55 Feucht 14.03

13.48 **RE 3417** Neuhaus (Pegnitz) 14.18 Pegnitz 14.27 Bayreuth Hbf 14.54

13.48 **RE 3457** Neuhaus (Pegnitz) 14.18 Pegnitz 14.27 Kirchenlaibach 14.42 Marktredwitz 15.00 Hof Hbf 15.24 Plauen (Vogtl) ob Bf 15.54 Reichenbach (Vogtl) ob Bf 16.08 Zwickau (Sachs) Hbf 16.25 Glauchau (Sachs) 16.34 Hohenstein-Ernstthal 16.45 Chemnitz Hbf 16.59, weiter in Richtung Dresden Hbf

13.49 **RB 35859** Feucht 13.57 Neumarkt (Oberpf) 14.24

13.50 **RB 35120** Ansbach 14.36

13.50 **RB 35866** Fürth (Bay) Hbf 13.57 Erlangen 14.14 Forchheim (Oberfr) 14.28 Bamberg 14.50 Breitengüßbach 14.57 Bad Staffelstein 15.11 Lichtenfels 15.17

13.53 **RE 3587** Neukirchen (b Sulzb) 14.26 Amberg 14.42, weiter in Richtung Regensburg Hbf

14.03 **RB 35689** - Mo - Fr - Neuhaus (Pegnitz) 14.58

14.03 **RB 35773** - Sa, So - Simmelsdorf-Hüttenbach 14.51

14.03 **RB 35903** - Sa, So - Neuhaus (Pegnitz) 15.02

14.04 **RE 34616** Fürth (Bay) Hbf 14.12 Neustadt (Aisch) Bahnhof 14.33 Kitzingen 14.57 Würzburg Hbf 15.19

14.08 **S 2** Nürnberg Frankenstadion 14.15 Feucht 14.23 Altdorf (b Nürnberg) 14.40

14.10 **RB 35310** Fürth (Bay) Hbf 14.18 Neustadt (Aisch) Bahnhof 14.49

Zum **Flughafen Nürnberg** mit der U-Bahn (Linie 2) bis U-Bahn-Station Flughafen. Fahrzeit ca. 12 Minuten.

Zum Bahnanschluss in Richtung **Gräfenberg** mit der U-Bahn (Linie 2) bis U-Station Nordostbahnhof. Fahrzeit 7 Minuten.

Déjà-vu mit Pocahontas

Nürnberg, Bahnsteig (Wartezeit auf den IC 2066)

Nürnberg (Teilamnesie!), Klopse, Adventmarkt, Zimtstollen, wie soll man sich an ein Tribunal erinnern vor so vielen Jahren?
Ein paar Minuten zuvor bin ich aus dem ICE 28 geglitten, wahrlich ein prall gefülltes Ziesel, bin den Bahnsteig vorgerittert, Visier nach unten, bloß keinen Kontakt mit all den Reiseraspeln, stetig plapperndes Mundzeug überall, nur vom Nürnberger Zungenschlag ist nichts zu hören.
Sinus, Cosinus, dreidimensionaler Slalom bis zum Anschlusszug nach Karlsruhe (IC 2066), die Anzeigetafel weist eine geringfügige Verspätung aus, aber da bin ich gefeit, mein Missbehagen hält sich in Grenzen (Alternativen?).
Als der IC endlich einfährt, drängen sich die Menschenmassen, bis zum Bahnsteigrand, kann's jetzt schon absehen: Freie Sitzplätze sind Mangelware.

Ich säbel noch an meinem Hot Dog, viel zu heiß die Fleischkanüle, schluck und schling wie ein Kormoran, damit die Hand frei wird, Trolley packen und ab durch die Mitte.
Flippernd durch den Zug (von Bande zu Bande), aneinander vorbeischiebend mit autistischer Eleganz, da und dort sogar ein böses Wort zu hören: Kennen's net aufpasse? Is'se des d'Meeglichkeit?
Ich lass mich auf keinerlei Geschwätz ein, will nur einen Stecker (Notebook!) und etwas Sitztaugliches.
Ach, ihr liebfrivolen Lesereisen!

Nürnberg, IC 2066, Gleis 14 (vor der Abfahrt)

Im einzig freien Abteil des gesamten Zuges tauche ich unter, schließe die Tür, plumps in den Sitz, ein Granatapfel zurückkehrend in den Schoß (griechischer) Muttererde.
Reserviert für Behinderte, das ganze Abteil geht für eine (sinnvolle) Quote drauf, nur: Mit einem Rollstuhl passt (im Normalfall) kein Mensch durch diese Tür.
Keine Behinderten weit und breit, während der Zug längst anfährt, die Diskussion mit dem Schaffner ist dennoch vorprogrammiert.
Wir einigen uns schließlich darauf, dass ich gehe, sobald er mich nötigt.
Meinen Paradesatz »Das Leben behindert mich …« will er keinesfalls gelten lassen.
Trotzig zucke ich meinen Nabokov und beginne zu lesen, während er noch am Fahrschein fummelt.
Kaum ist er weg, öffnet sich die Tür und SIE setzt sich.
Behindert wirkt sie nicht gerade.

IC 2066, Kilometer 44, Nürnberg Hauptbahnhof

Das Christkind (es scheint wie Weihnachten) lugt kurz herein, trollt sich wieder, schamlos wie wir sind (einander fixierend), unterdessen bekommt sie Appetit.
Auf Blattsalat, wie ich schon bald erfahren werde.
Bestellt unverschämt im Speisewagen, mit Kirschtomaten und abfälligen Zwiebelringen, na toll!
Ich bestaune noch die Landschaft, die heutigen Züge sind auch nicht mehr, was sie einst waren, schaukelnde Plastikburgen, Fenster ohne Fensterkitt, ist das schade …
Draußen schamlippige Baumriesen, auf manchen obenauf verklumpte Raupen, fressen sich satt (oh Kohldampf!), erinnern an weißflaumige Kokoskuppeln.
Schnee eben!
(Das mit den Schamlippen behalt ich natürlich für mich.)
Sie kaut an ihren grünen Röschen, ob ich kosten wolle, der Zug nimmt ein Schlagloch (voll mit), so sehr zucke ich innerlich.
Danach säuselnd: »Nein!«
Im kolonial wohlwollenden Unterton.
(Warum kein Steak?)
Vegetarisch ernährt sie sich, sagte eingangs noch mehr, aber da war ich noch nicht ganz bei der Sache (im Buch blätternd).

IC 2066, Kilometer 46, Ansbach

Sie saß mir demnach im Abteil gegenüber, rosarote Wängelchen, oh spicy chicken, dachte ich, »mit dem Lesen hab ich's nicht so«, wusste sie, was war gegen Nabokov noch zu sagen?
Schluckte den Frosch (ich!), nahm mir ernsthaft vor, gar nichts von mir zu geben, totschweigen das Ganze, bis sie Nabokov einen weiteren Tritt gab.
»Kennen Sie Coelho?«
Wollte das von mir bestätigt wissen, die Flucht nach vorne antretend, erwähnte ich (eben da) spontan den Speisewagen (ich verdrück mich!).
Dass sie sich anschließen (abwimmeln, abwimmeln!) würde, wer hätte das schon auf seiner Rechnung gehabt, die goldigen Zierknöpfe ihres Jackentieres (Yak = Steak!) einhändig durch die Schlitze schiebend.
Push it!
Ich nahm das Portmonee zur Brust und wir schlingerten dahin.
Wagen 38, Wagen 37, Wagen 36, Speisewagen. (Als ich wir sagte, meinte ich mich.)

IC 2066, Kilometer 21, Crailsheim

Jeanny Comes Lately (zweimal den Song im Ohr), Überleben sichern (im Sudan?), Marlboro County (Werbetafel), Aalen (die Bahntafel davon) und ein paar Häuser dahinter, zog alles an mir vorüber, keine Panik, es kommt vor, dass sich Zufälle häufen.
Wir saßen erneut in unserem Abteil (unser = nicht ihres!), drängten anstürmende Neuankömmlinge mit giftigen Blicken zurück, ich spielte ganz kurz mit dem Gedanken das Abteil zu wechseln, Wechselbäder nach Kilometer 21.
Sie schaute zum Fenster hinaus, dachte: Schnee, endlich Schnee!
(Wie die Zeit vergeht.)
Ich wesentlich nüchterner: Weiß, verdammt!
Und den Pullunder hatte ich auch vergessen.
Eine Schwangere wollte sich zugesellen, holte also meine (vor Reiseantritt erstandene) Iron-Maiden-Schallplatte aus der Aktentasche, allein die Kombination ließ sie stutzen. Ungeborene sollten Mozart hören, eine Tatsache, der ich hier und heute nichts abgewinnen wollte, gedachte Gitarrenriffs durch Mark und Bein (und Muttermund), etwas widerwillig ließ die Schwangere ab, rümpfte die Nase, danach Scheuklappen, bis der Zug endlich anfuhr.
Kurz und heftig, sie quiekte und der Salat in ihr: Samba, Samba!

IC 2066, Kilometer 16, Ellwangen

Etwas befangen haucht sie gegen die Fensterscheiben, mein Schienbein (gedanklich), den Zug hält es nicht auf, dampft wie eine angebratene Frikadelle vom levantinischen Hausschwein.
In meinem Saft sammelt sich ihr Mund.
In meinem Mund sammelt's sich.
Salatbouquets machen mich seit jeher deprimiert, grün, grün, dabei ist die Farbgebung gar nicht entscheidend.
Sie malt ein Strichmännchen ins Glas, betont unauffällig, will ihr Grünzeug verdauen, aber das Ziel nicht aus den Augen verlieren.
Ich labe mich an etwas Schinkenduft, irgendwo ganz unten in der Tasche liegt mein Pausenbrot, dort, wo die Sonne nie hinkommt.
Spesenritter fällt mir ein.
Schnabulieren auf fremde Kosten.
Oute dich (Connaisseur), du stehst eben auf Fleisch, ausschließlich (so wie die Ameisenlöwen).
»Mögen Sie Artischocken?«
Sticht wie eine Degenspitze und versetzt meinem Großhirn einen RRRums.
Sie spreizt die Beine wie anderswo ein ganzer Eiffelturm.
Bodenhaftung, Hodentaktung, alles Testosteron jetzt in die Zungenspitze.
»Ich hasse Artischocken«, (ehrlich, konnte ich schon als Kind nicht ab).
Sie verzieht daraufhin den nächsten Satz, geht links vorbei, hab's nicht gehört, echt jetzt aber.
Déjà-vu mit Pocahontas!!

IC 2066, Kilometer 25, Aalen

Phallozentrische Technokratie.
Brainfreeze.
Ich denke oft an Piroschka (und Nabokov).
Assoziationsketten in Zügen sind schier unendlich.
Sie gibt sich unabkömmlich, erzählt von ihrer Kindheit in einem Indianerreservat, da spielten sich grausame Szenen ab.
Wildfleisch über dem offenen Feuer brutzelnd, Kaufertiges noch unter den Fingernägeln, Wiederkäuer im sich karamellisierenden Horizont (Sonnenuntergang, eh klar).
»Wir hielten kein Vieh«, sagt sie, Flecken überall in ihrer Erinnerung und meine Wenigkeit dehydriert allein bei dem Gedanken: Kein sauberes Trinkwasser. Nirgends. Hauptsache ein Reservatskasino, (Rougerankings), Film noirs. Ich sehe einen schwarz-weißen Schaffner nach unseren Tickets greifen.
»Bahncard?«
Repetiert er, mehrmals, bis wir beide seinem Wunsch nachkommen.
Ein versehentlicher Blick auf ihren Ausweis, ich kann's nicht fassen, sie war auch schon deutlich jünger, mit Zöpfen.
»Selbst der Heiland musste nicht jeden Tag seinen Mann stehen«, kichere ich in ihre Pfirsich-Fresse. (Das Despektierliche musste einfach sein.)

Fitness über Gmünd.
So ein Wohlfühltempel im letzten Stock eines Pfahlbaus, selbst aus dem Zugabteil klar auszumachen, ob hier der Heiland mit Hand anlegte?
»Ging immer seines Weges«, sage ich und sie schaut verständnislos, als wüsste sie nicht, worauf ich anspielen möchte, hält nichts von Steaks und missachtet die feine Klinge.
Herrgottverdammt.
Beherrsch dich.
Ich krall mir eine Werbebroschüre der Deutschen Bahn. BahnShop 1435, die Fundgrube, im neuen Sortiment begeistert Eisenbahnfans der Eilzugwagen mit Mitteleinstieg in Spur H0 und N von Fleischmann.
Das Herz unserer Kleinen lässt der Janosch Panama Express höher schlagen, während sich Modellauto-Freunde bestimmt für den Borgward B 2500 Pritsche/ Plane »DB« im Maßstab 1:43 von Schuco entscheiden.
Sie schaut mich an, als hätte ich ein Tabu gebrochen, als ob lauteres Vorlesen gesellschaftlichen Usancen zuwiderläuft, sie wollte in mein (ja, doch!) Abteil, ich hab sie nicht aufgefordert.
Ich wollte keine Reiseschwalbe.
»Die Schwaben sind angeblich ein gemütlicher Menschenschlag«, sagt sie (um vom Thema abzulenken).
»Nicht ganz so langsam wie die Pawnee, etwas zwischen Sioux und Kiowa.«
Und bestimmt nicht vegetarisch veranlagt, flüstert mein böser Zwilling, der sich's in mir ganz gemütlich gemacht hat.

IC 2066, Kilometer 28, Stuttgart

»Wie war das mit dem Heiland? Hören Sie auf, alles in Ihren Bart zu murmeln.« (Trag doch gar keine Haarkaskaden!)
Es gelang mir, ein ernstes Gesicht aufzusetzen, ansonsten machte ich weiter wie bisher, ein wenig an mir herum (Zellverjüngung! im Kopf), ihr nicht absichtlich zusetzend.
»Der Heiland war kein Depp«, sage ich, mich unwillkürlich duckend, ein kaukasisches Frettchen, über dem der Schatten des kaukasischen Adlers kreist, mit seinen Greifkrallen (nichts für alberne Mädchen).
Sie lacht trotzdem (kann sie Gedanken lesen?), stoßweise, ein Viertakter, plötzlich wird sie symphonisch, Streicher, Pauken, fehlt nur noch der Karajan.
»Wer?«, fragt sie mich.
»Der Karajan war ein ganz passabler«, mir fällt nichts Anzügliches ein und zum ersten Mal an diesem Tag wundere ich mich über mich selbst.
»Nicht einmal der Karajan stand jeden Tag Schlange vor dem Heiland«, werf ich noch nach. (Kein schlechtes Wortspiel!)
Audienzgeplänkel.
»Keiner hat die guten Tage gepachtet«, ich werde deutlicher.
»Wem sagen Sie das«, seufzt sie (nahezu katatonisch).
Out of the dark.

IC 2066, Kilometer 9, Vaihingen (Enz)

Wir tauchen in eine Tunnelröhre, schlagartig verschwinden Schnee, Bäume, das Augenzwinkern der Meisen (hämisches, wohlgemerkt).
Ich kann sie nicht sehen, sie kann mich nicht sehen und der Geräuschpegel schwillt an.
Höllenritt, Alter.
Das Lichtlein am Ende des Tunnels wird ausgeknipst, überall sparen sie Energie (Umweltschutz für Anfänger), aber das hilft uns nicht weiter.
»Wie lang wohl der längste Tunnel der Welt ist?«
Kein kluges Lexikon zur Hand, die Pannen läppern sich (muss ich nachliefern!).
»16 Kilometer«, behaupte ich siegessicher.
(Wie breit sind wohl Bergsohlen?)
»Das Ding unter dem Ärmelkanal zählt nicht, das ist kein Tunnel, nur eine Unterführung«, sichere ich mich ab.
Sie schweigt (vorsätzlich, weil sie auch keinen Schimmer hat).
Im Abteil nebenan grölen ein paar Frohnaturen, wissen sich im Dunkeln wohl gut zu durchmischen.
Etwas schlägt von außen gegen die Abteiltür, groß, schwer, bestimmt nichts für schwache Nerven.
»Geschlechtsreife Löwen?«
Es sollte witzig sein, doch langsam mache auch ich mir Gedanken.
Eine Stunde (echt?) schon kein Tageslicht, es kommt mir länger vor, so ist es wohl, wenn man irgendwo verloren geht.
»Auf dem Rückweg doch via München, nicht?«

Sie keucht beipflichtend, aber wie aufs Stichwort wühlt sich der Zug aus dem Berg, Sonnenschein in ihrem Zopf, Streulicht an meinem Haaransatz.

IC 2066, Kilometer 13, Mühlacker

Sie ist Vegetarierin, ich war in meinem früheren Leben ein Wegelagerer, mehr braucht es nicht.
»Fahren Sie Ihre Mutter besuchen?«, hält mich also für einen Sympathieträger, was ich sofort (entschieden!) von mir weise.
»Und Sie?«, will ich jetzt auch wissen.
»Ich besuche meinen Freund.« (Jetzt, vor Weihnachten! Eine kathartische Handlung? Ist aber kein Privatissimum.)
Der Schaffner füllt zum wiederholten Male den Gang, ein Seitenhieb im Vorbeigehen, kann mich bestimmt nicht ab, dass eben mich ein hübschschlankes Weibchen beglückt, klar doch, der Neidhammel.
Vegetarisches hat doch seine Vorteile!
Ich ziehe den Bauch ein, nur etwas.
Fett bleibt auf jeden Fall Geschmacksträger.
Die Uniform des Schaffners ringt mir kein Aah! oder Ooh! ab, schreit förmlich nach Respektlosigkeit, aber mit den Jahren bin ich milder geworden (also das Gegenteil von Käse).
Das Schaffnerhemd deutet vieles an, Schweißflecken unter den Achseln, tertiärer Schmutzkragen, an neuralgischen Punkten der Textilie deutlich sich abzeichnende Leerstellen, Farbfluchten, der übliche Scheuersand, Politurpech, männlich-diagnostische Fehleinschätzung.
Gewiss ist er alleinstehend, geschieden, muss selbst seine Wäsche wringen, wo er doch immer auf Achse (und diese Nachtdienste!).
Schaffner und Scharfrichter, die Verdammten in einem bösen Spiel.

IC 2066, Kilometer 30, Pforzheim

Schienenstrang, glitzernder Silverscreen, alles in seiner Bahn.
Sie, parlierend gegen die Fahrrichtung, ich in meinen kecken Boxershorts, von einer schnellen Lok gezogen (aber davon weiß sie nichts).
Ich strecke mich und gähne, sie, ein sich kräuselnder Katzenbuckel, dann schließt sie die Augen.
Bin wieder für mich, jetzt aber weiterzulesen wäre irgendwie arrogant.
Ich beobachte sie, wie in ihrem Brustkorb etwas auf und ab, ein Flughund, der seine Arme spreizt (müsste von der Größe halbwegs hinkommen).
Ihre Haare wippen auf den Schultern, fehlt noch, dass sich Einsatztruppen daraus (daran!) abseilen, um mich aufs Korn zu nehmen.
Wenn ich jetzt auch meine Augen schließen würde, es wäre nahezu symbiotisch.
(Ich habe ja noch keine gesehen, die vorgab, so schnell einzuschlafen.)
Va bene, ob das ein Trick (Tick?) ist?
Die Rabauken nebenan gebärden sich wie kleine Äffchen, Glasgeklirre, die Stimmung scheint auf dem Höhepunkt, Synergieeffekte mit reichlich Bier aufgemöbelt.
»Wann machen die endlich Pause?«, sagt sie (mit geschlossenen Augen).

IC 2066, Karlsruhe (Endstation IC 2066)

Hatte ich jemals versucht, alle Register zu ziehen, mich in einen glühenden Feuerball zu verwandeln, dem man lieber nicht zu nahe kommt? Immer doch bleibt reichlich Spielraum nach oben.
Ein paar Kinder tragen Bierflaschen zum Speisewagen, wohl um sich eine (kleine!) goldene Nase zu verdienen. Eine Ameisenstraße, die mich mitreißt, bis zur Toilette, während sie das Abteil hütet, ob nun wach oder nicht, ich brauche bloß eine Minute.
Rausholen, auswerfen, einrollen, basta.
Als ich mich dem Abteil nähere, drängeln die Kinder, an mir vorbei, huschen zu ihren Plätzen, die Schalentierchen. Klein und knusprig.
Ich öffne die Abteiltür, Pocahontas gibt sich diplomatisch, streift sich die Jacke über.
»Endstation in 10 Minuten«, bekrittelt sie.

Karlsruhe, Bahnsteig (Endstation IC 2066)

Mit den Kofferkläffern aus dem Zug, sie schwitzt, hat deutlich mehr an der Leine, muss sich mühen und plagen, als Old-School-Zögling biete ich ihr meine Hilfe an (was sie nicht verweigert).
Kunstvolle Übergabe ihrer diversen Taschen (ist es zu fassen, wie schwer das Zeug ist?), während ich die meinen irgendwo wegklemme, schon hadere ich mit meiner Old-School-Vergangenheit, wie schnell das doch geht.
(Despekt, Despekt tönt es aus den Lautsprechern!)
Ich wollte mich doch nicht mehr vorführen lassen!
Auf dem Bahnsteig bleiben wir stehen, während sie den IC schon wieder irgendwo wegpacken, gutturale Laute dringen zu uns rauf, elendiges Taubengeschwätz, überall graue Federn, hin- und hertuckernde Massenware.
Ich konkretisiere: Karlsruhe hat offenbar ein Taubenproblem.
»War schön, Sie kennen zu lernen«, flötet's und zieht die Augenbrauen hoch (als wolle sie mehr von sich zeigen).
»Gleichfalls«, tüte auch ich, verabscheue diese Stimmlage, aber wie soll man seiner Sozialisation habhaft werden.
»Frohe Weihnachten und schöne Tage bei Ihrem Freund«, jetzt aber sofort den Mund halten, du Buntspecht, du Rokokolauterich, du spielfreudiger Filou.
»Danke, muss noch etwas über Karlsruhe hinaus, Transit«, Letzteres verschwörerisch.
»Aha.«
»Ja.«
»Na dann.«
»Ja.«
»Alles Gute!«

S 41, Kilometer 7, Forchheim (Fahrradmitnahme begrenzt möglich)

Tankstellen wie am Schnürchen, Tanklaster (Flitzmeister!), Tankwarte, pausbäckige und hohlwangige, in ihren Atemdestillaten huschen unduldsame Autofahrer zu den Toiletten, die Hand feste kneifend im Schritt.
Unser Zug, donnernd, eine Walküre, mächtig und windschlüpfrig, hinterlässt auf den Gleisen keinerlei Spuren.
Bussarde kreisen über einem kleinen Weiher.
»Siehst du, ist wie am Nürburgring!«
Ja doch, wir waren zum formlosen DU übergelaufen, Pocahontas fand, es war Zeit (sie nennt uns jetzt Neigungsgruppe!).
Kaum hatten wir einander in Karlsruhe den Laufpass gegeben (teutonisch stoisch), schon kreuzten sich im nachfolgenden Zug (überraschend!!) erneut unsere Wege.
»Ich dachte, in Karlsruhe (und Umgebung) wär Endstation für dich«, sagt sie.
»Denkste«, mimisch wie auf Kortison.
»Dein Freund ist also kein Karlsrühler?«
Sie lacht, »nee nee, wofür hältst du mich?«
Wieder dieses DU, jovial, infernal, absorbiert mich wie ein hawkingsches Wurmloch.
Quantenrauschen.

S 41, Kilometer 12, Durmersheim Nord

Sitzen diesmal im Großraumwagen, nebeneinander.
Zum Greifen nahe ist Pocahontas, mit ihren zerbrechlichen Knieplättchen.
(Kniescheibe ist doch viel zu platt(deutsch), sie liebt's zweifellos filigran!)
Garniert sich mit etwas Rouge, nunmehr deutlicher zu erkennen, Bronzeschimmer, Pupillenfüllung, ibisfarbener Glaskörper, und erst die Iris: Braunbärenblues.
»Tölpel«, denk ich mir, »seit wann bist du Anhänger überholter Farbenlehren?«
Mein Kopf hat wohl endlich Ladehemmung, ich fixiere einen devoten Hügel am Horizont, immerhin wagt der mit keiner Baumwimper zu zucken.
Verlegen greift der Mann von heute also zu topografischen Ausflüchten, sauber, sauber.
Gedanklich setze ich auf dieser Fahrt noch einige vergleichbare Meilensteine.

S 41, Kilometer 14, Bietigheim (Baden)

Irgendeiner ein paar Sitzreihen weiter, echauffiert sich mächtig, sein Geldtäschchen hat's pulverisiert, dennoch wagt er's nicht, jemanden konkret zu bezichtigen. Knacklaute, schnaufende Vokale, rotwangige Wut mit Oberlippenbärtchen.
»Nee, nee, das ist kein Stauffenberg«, sagt sie, »einer vom Adel hätt' kein Aufsehen drum gemacht.«
»So einer hätt's echt nötig«, entscheide ich mich, »geschützte Werkstätte, Grundbesitz, alles auf Kosten irgendwelchen unbedachten … unbedachten Pöbels.«
Pocahontas schaut streng, aber was soll man von einer indianischen Prinzessin auch erwarten.
»Paktierst du etwa mit den europäischen Adelsrippchen?«, ich komme etwas in Fahrt, jetzt noch ein Speckbrötchen und ein Gläschen Beaujolais!
Sie erzählt etwas von Kleinmädchenträumen, Luftschlössern und Prinzen, englischen Gärten, französischen Reitgerten, Zimmerchen (Ankleiden!), Zofen … kurzfristig werd ich zum Kommunistenschädel.
»Die gehören doch alle verbuddelt in der russischen Erde« (zwei bis vier Fuß).
Als sie ein paar Tränchen vergießt, werd ich gänzlich cosy, Fossi(bär).
Mich sogleich relativierend: »Alle wohl nicht, manche waren trotz allem ausgesprochene Kavaliere!«
Wie man sich doch zum Affen macht.

S 41, Kilometer 22, Ötigheim

»Erzähl mir etwas von deinem Freund«, einer dieser zumutbaren Themenwechsel, rein technisch gesehen sind wir keinesfalls Mann und Frau.
»Ist auf Montage«, legt sie eine Spur.
»Ingenieur?«
»Schon irgendwie«, kämpft mit einer imaginären Chili-Schote und gewinnt.
»Klempner ist er, ein ganz ein Lieber.«
Ich weiß nicht, die Klempner, die ich kenne, sind bestimmt nichts für Pocahontas.
Da wäre zunächst Anatol, ein (Selbstauskunft!) Wolga-Deutscher, versteht aber ironischerweise kein Wort Deutsch.
Und natürlich Zoran, der Montenegriner, im Overall habe ich den noch nie gesehen.
»Wo habt ihr euch kennen gelernt?« (ist jetzt auch schon wurscht).
»Wasserrohrbruch.«
»Ist nicht wahr!«
»Schwör's!«

S 41, Kilometer 5, Rastatt Beinle

»Und wie ist das bei dir?«
Ich hab's befürchtet, die Zimtschnecke rollt an und wird mich plätten, prekär, passt aber in mein Curriculum, ego, mei, mihi, me.
»Orientier mich grad neu, folg jedem Blümchen ins Heu«, sie lächelt, ich glaube, Pocahontas mag Reime.
»Nein, im Ernst jetzt, komm …«
»Ich bin verheiratet«, (da soll sie mir doch das Gegenteil beweisen).
Sie wischt sich ein Haarbüschel aus der Stirn, kapriziertes Pfötchen, streicht noch einmal (wie eine Symphonikerin) und lästert.
»Das glaub ich nicht!«
»Doch, Konditorin.«
»Ist nicht wahr!«
»Schwör's!«

S 41, Kilometer 16, Kuppenheim

Taxiert mich, legt (ganz kurz nur) ihren zivilisatorischen Konsens ab, sitzt mir als Mädchen gegenüber, mit flatternden Federn im Haar.
»Eigentlich tragen Indianer ungern Federn, weil sie dann wie Affen aussehen.«
Federboas, Federboas in Rot und Gelb und Minze.
»Die Frauen meines Stammes konnten unter allen Kriegern frei wählen, wen sie an ihre Datteln lassen«, kichert sie.
»Ein kriegerischer Klempner also«, aber ich verbeiß mir's. Fantastisches Universum, hält einem jeden alle Möglichkeiten offen, Metamorphose im Frühjahr, Konservierung im Herbst, Konservendosen unter der Spüle und windige Reiter der Apokalypse.
»Ich freu mich für dich, dass es so gut läuft«, hab wirklich keine Erfahrung mit höllischem Smalltalk, kryophiler Taugenichts, der ich bin.
Die Bedingungen eines einsamen Vogels sind fünf: Dass er zum höchsten Punkt fliegt, dass er sich nicht nach Gesellen sehnt (nicht einmal seiner eigenen Art), dass sein Schnabel gen Himmel zielt, dass er keine bestimmte Farbe hat, dass er sehr leise singt.
»A dark Vanessa with a crimson band, wheels in the low sun, settles on the sand, shows its ink-blue wingtips flecked with white«, trällernd, klar doch, Farben (normale Vögel mögens!) und die postulierte (von Berufs wegen) Einsamkeit machen mir zu schaffen.

S 41, Kilometer 21, Bischweier

Rotunden grau in grau, Bahnhofstoiletten mit Leuchtzeichen, im Rez-de-Chaussée des Zuges gegen die sich langsam einstellende Müdigkeit kämpfend, während Pocahontas (putzmunter) immer höher steigt, wach ist sie und voller Tatendrang.
»Bald kannst du dem Rotenfelser Schloss zuwinken«, räkelt sich in ihrem Sitz.
»Bad Rotenfels, hm«, ich vertiefe mich kurz im Fahrplan, ob sie hier den Zug verlässt?
»Wohin geht nun die Reise?«, will ich endlich wissen.
»Bis zur Endstation, Freudenstadt Hauptbahnhof«, raspelt sie (Süßholz!), grinst spitzbübisch: »Er steht sicher schon am Bahnsteig! Mit Mascha!«
Angewandte Erkenntnistheorie nur für mich: Ich fahre tatsächlich auch bis Freudenstadt (na so was!) … aber wer ist Mascha?
»Mascha, seine Tochter aus erster Ehe?«, hätte ich lassen sollen.
»Nee, Mascha ist ein Labrador, so ein Lieber.«
Ein Klempner am Bahnsteig in Freudenstadt, mit seiner kötrigen Töle, Blumen von Aldi, die Prinzessin steigt aus dem Zug und ich muss dabei zusehen, oh Helicobacter Pylori, saugfreudiges Stäbchenbakterium, sei doch du Urheber meines Magengeschwürs.
»Ist dir nicht gut«, fragt Pocahontas, »bist so bleich um die Nasenspitze?«

S 41, Kilometer 1, Bad Rotenfels

»Geht schon«, huste ich.
Der Wärmestau verlässt meinen Körper, saust ins Nichts, verpuffende Energie, kariöse Lebenszeit.
»Und wohin fährst du?«
Ist jetzt so, als hätte sie mir die Erlaubnis erteilt, Religionsunterricht zu erteilen.
»Freudenstadt.«
»Ist nicht wahr?«
»Doch, ich fahr zu einer Lesung.«
Sie schnauft kurz, blickt mich an, als sei sie (oder ich?) ein missing-link zwischen Mensch und Affe, gar nicht ladylike.
»Lesung?«
»Genau, ich bin Schriftsteller, kein Pastoraltheologe.«
»Was schreibst du denn?«, blickt wie eine Wüstenspringmaus, bereit sich vom Acker zu machen.
»Dies und das, Romane, Kindergeschichten, Gedichte, einiges dazwischen, ist auch egal …«, (ist es wirklich).
»Toll, ich komm zu deiner Lesung!«, (bitte nicht … ich sehe Mascha, den Klempner und ganz viel Nächstenliebe).

S 41, Kilometer 41, Gaggenau

Gaggenau, festliche Beleuchtung, über dem Städtchen schwebt ein großer Mercedesstern, aber bald schon stehen die Fließbänder der Fabrik still.
»Ist gar nicht mehr so einfach, über die Runden zu kommen«, flüstert Pocahontas (teilt wohl dieselbe Vision!).
»Warum meinst du, fahre ich wohl von Nürnberg nach Freudenstadt?«, knurrend, krächzend, wobei ich es einigermaßen schaffe, den offenkundig böswilligen Ton in ein sinistres Räuspern zu transformieren.
Freudenstadt, wen die Götter hassen.
»Bestimmt liest du in der Buchhandlung Lumpe!«, kneift mich kurz am Arm, der *Lumpe* scheint einen guten Ruf zu genießen.
Während ich in meinen Unterlagen stöbere, streift Pocahontas ihre Pumps ab, im Zuglinoleum spiegeln sich die hohen Hacken, Traberbeine, die sie entschlossen am Sitz vis-à-vis ablegt.
»Lumpe, stimmt, dort habe ich die Ehre« (kann mir gar nichts mehr merken, so sehr bin ich bei der Sache).
Unterkunft: »Pension Fortuna« (das Glück ist mir zum Greifen nah!).
Das Glück ist bekanntlich ein Vogerl.

S 41, Kilometer 8, Ottenau

Zugfahrten stimmen mich melancholisch (diabolisch?). Schepperndes Wutgezwitscher, Garnituren über die Schienen holpernd, in großen Waschtrommeln die Götter polternd, am Horizont ein malträtiertes Sandmännchen, keinerlei Rettungsleinen in Sicht.
Das Wetter wie aus einem Schulaufsatz: »Beast in me«. Blitze perlustrieren den nächtlichen Himmel (so oft die Stimmung in Deutschland umschlägt), Hagel, Nägel, vom Sturmtief aufgepeitscht, Graupelschauer, stemmen sich gegen die Fensterscheiben, um Weitgereisten den Schlaf zu rauben.
Pocahontas subsumiert die Hotspots der Freudenstadt (nur eine Strandbar gibt es nicht!).
»Wirst schon sehen, ist genau das Richtige, um etwas durchzuschnaufen.«
»Das Hotel Fortuna, wahrlich ein Kleinod!«, kombiniert sie.
Ich schnaufe kurz, um ihr Recht zu geben (bin da nicht kleinlich!), mich gedanklich sammelnd, schön alles für mich behalten; meine Lust für protestantische Arrangements, die Vorliebe für ekstatische Reden in fremden Sprachen, das ist doch Wahnsinn.
(Glossen mag ich auch.
Vielleicht nur, um die Wölfe besser heulen zu hören.
Wer im Online-Latein-Wörterbuch »Möse« nachschlägt, bekommt im Übrigen einen exzellenten Vorschlag …
Die »Genesis«.)

S 41, Kilometer 9, Hörden

Hörden schält sich aus dem Untergrund (sparen wir uns die Schöpfungsgeschichte), gallertartige Häuser, im Dämmerlicht kaum auszumachen.
In meinem Kopf summt die Klimaanlage, dazwischen der Singsang von Pocahontas, könnte auch Blues sein, mit ostinaten Bassfiguren.
Der Wagon leert sich (wie anderswo Weinstuben, wenn erste Sonnenstrahlen ihren Tribut fordern), dädalischer Unmut macht sich breit; als eine Tür blockiert, betätigt so ein schwäbischer »Dädalus« (das mein ich wohl ironisch) den Notknopf.
Die Tür gibt nach, der Schaffner kommt angetrabt, brüllt etwas von einem Strafverfahren, doch gehen ihm alle Lemminge durch die Lappen.
Pocahontas und ich belächeln die Szenerie (disjunktiv!).
Dem Schaffner missfällt unser Arrangement, direttissimo schwingt er von dannen, »ich wette, der gibt sich jetzt ein Bier (dienstlich).«
Sie kann mir kaum widersprechen.
In ihrem halboffenen Mund sehe ich schönstes Rosarotobers.

»Du musst ihn echt gern haben, den Klempner! (und Mascha!)«
Ganz klar, sie unterstellt mir unlautre Absichten, die Wimpern werfen borstige Schatten, Stichlinge, kalt und glitschig, schnellen und prallen gegen mein (an sich erogenes) Brustbein.
»Ich mein nur, ich würd für keine Frau der Welt solche Zugfahrten auf mich nehmen.«
(Das war jetzt gar nicht angebracht!)
»Du hast wohl noch nie jemanden geliebt!«, räuspert sie sich versiert (mitleidiges Augenrollen).
»Sicher hab ich das!«
(Bin mir ziemlich sicher, ja doch, die Liebe ging nur stets flöten, ich hab mich immerzu verzettelt, bla bla, aber erst in der Nachspielzeit.
By the way, schon eine Klasse für sich, diese Nachspielzeit.)

S 41, Kilometer 13, Obertsrot

Am Bahnsteig das Unerklärliche ruhig veralbern: In der Einöde dreht es ein paar einsamen Herzen den Magen um.
Einige kleinwüchsige Frauen verteilen sich im Wagon, auf dem Weg nach Hilpertsau, in die einzige (geile!) Diskothek der Gegend.
Pocahontas' Blicke stechen wie Achatdolche in meine scheckigen Wangen.
»Spotte nicht, mit der Liebe ist es mir ernst«, knistert sie.
Feuersalamander kriechen über die nahe Böschung, nähern sich dem Zug, weitere Gefühlsregungen bleiben allerdings aus.
»Keinerlei Einwände«, sage ich.
Immerhin, die Legende von Pocahontas besagt, dass sie einst einem weißen Nichtsnutz das Leben rettete, verliebt warf sie sich zwischen ihn und ihren mächtigen Häuptlingsvater, Chief Powhatan (sein eigentlicher Name war Wahunsenacawh, aber das vermochte niemand auszusprechen), bevor dieser dem Weißfisch den Schädel einschlug. Seiner Lieblingstochter konnte der Indianerriese keinen Wunsch abschlagen.
»Keinerlei Einwände«, wiederhole ich schläfrig (sie musste einfach mehr wissen, von allem und der Liebe).

S 41, Kilometer 3, Hilpertsau

Ich schrecke hoch, bin tatsächlich eingenickt, wie früher, ein Jungchen am Bächlein, Trapperhut, Waschbärschweif, Tag um Tag bei imaginärer Goldwäsche.
Die handelsüblichen Hosenröhren bis zum Bauchnabel hochgezogen, einfach lächerlich, Apfeltabak in einem Plastiksäckchen.
(Endlich auch Gewissheit: Ich habe keine Vorhautverengung!)
Draußen sehen wir ein Lichtermeer, die Diskotempel von Hilpertsau, unterdessen gibt es bestimmt wieder irgendwo Krieg, ein paar feurige Kometen am Himmel, Nachrichtensperren und Menschentrauben vor den Klagemauern.
»In der Schule war ich glühender Verfechter direkter Reden«, solche und ähnliche Bekenntnisse, um das Eis zu brechen.
Tatsächlich rücken wir etwas näher zusammen, Pocahontas und ich, der kleine Herdenmacher.

S 41, Kilometer 5, Weisenbach

Pocahontas will sich die Beine vertreten, »muss für kleine Mädchen«, hechelt los, irgendwo am Kopfende des Zuges soll es noch einen funktionierenden Lokus geben.
Inzwischen höre ich etwas Musik, eine Abfolge von U- und O-Lauten, die elektrisierendsten Vokale der Welt.
(Ich geb's zu, Madonna.)
Sie singt von paradiesischen Zuständen.
Sie singt von einer Frau wie Pocahontas, die noch zu haben ist.
(Von einem wie mir singt sie natürlich nicht.)
Die Zweckdenke impliziert lustfeindliche Interpretationskonstrukte.
Na ja, selbst der Heiland hat sich nicht jeden Tag sein kleines »t« umgeschnallt.
Aufwachen, alter Knabe, einen (züchtigen) schulmeisterlichen Klaps auf die feisten Oberschenkel, zur Welt kommen, zur Sprache kommen, zu mir selbst.
»Host an Schuss?«
In diesem Moment die ultimative Hommage an meine österreichische Heimat, ein Mann und seine Frau (reiferen Alters), die sich zänkisch frotzeln (scheint's in Hilpertsau zugestiegen), wohl irgendwo zu Besuch, der Disput dreht sich nach anfänglichen Belanglosigkeiten um ihren missratenen Sohn.
»Der Gschissene kummt ma net ins Haus, do konnst di lang aufpudeln!«
Danach kein Wort mehr, ziehen beide die Schnute, Pocahontas kommt beinahe zu spät.
Dezent zu mir, »was meinte der mit aufpudeln?«

Malvenfarbenes Bäckchen, beugt sich zu mir und bohrt nach Antworten.
»Aufpudeln?«
»Sich echauffieren!« (ach, diese gestelzten Franzosen).
Pocahontas gibt sich zufrieden, streicht die Segel, rollt noch ein melodisches »R« (Katzenknäuel!) und verlässt sich ganz auf ihre Jugend.
Ich lege kurz die Hand ans Fenster, fühlt sich fast so an, als müsste gleich eine Eruption erfolgen.
»Jetzt tuscht's oba!«, folgerichtig die Wiener Schnauze, neuerliche Diskurse werden (ein paar Sitzreihen weiter vorne) im Keim erstickt.
Und was tue ich jetzt mit den Franzosen?
Tusch??
Ganz klar, touché!
(Bahnbrechend, das Murgtal liegt hinter uns.)

S 41, Kilometer 2, Langenbrand

Pocahontas nickt ein, die Wiener sind tot (so still ist es), mit ruckartigen, aber zum Teil doch wieder sparsamen Bewegungen mühe ich mich, mein Herz zum Weiterschlagen zu bewegen.
Schüttel' mich dabei (ruppiges, inzestuöses Borstenvieh), haarscharf am koronalen Desaster vorbei, die alte Pumpe macht's also noch.
Übrigens, mit Fertigteilhäusern hab ich's nicht, aber das interessiert jetzt keine Sau.
Am Nebengleis pumpen sie einen weiteren Zug vorbei, »Zukunft auf Schiene« ist dort zu lesen, Gesellschaftswagen, Erlebnisbahn.
Während alle schlummern, vertreib ich mir die Zeit mit umherwehenden Bahnbroschüren (ich glaub, bei mir reicht's nie wieder für Nabokov), eigentümlicherweise alles in Deutsch-Ungarisch.
Hochgeschwindigkeitszug: Nagy sebességü vonat.
An Werktagen: Munkanapokon.
An Sonn- und Feiertagen: Munkaszüneti napokon.
Grenzstation: Határátkelö.
Damenabteil: Hölgyek részére fenntartott fülke.
Welcome Drink und Cold Towel: Az üdvözlö italt és a hüsítö törlökendöt.
(Ach, ist mein Leben Scheiße!)

S 41, Kilometer 7, Gausbach

Mir wird etwas flau, ähnlich wie bei diesen durch wasweißich spontan hervorgerufenen Erbänderungen, die teilweisen oder völligen Ausfall bestimmter Körperfunktionen bewirken, autsch.
Defätistisch stiere ich mein eigenes Spiegelbild an, dahinter huscht immerzu die Landschaft vorbei, man möchte meinen im Eilzugtempo, ist aber (korrekterweise) nur die Schnellbahn.
Meine Wahrnehmung bleibt gedanklich in der byzantinischen Darstellung des beim Jüngsten Gericht thronenden Christus hängen, zwischen Maria und Johannes sitzt der Heiland, schaut verkniffen ins Leere.
Klar, vom vielen Sitzen (bis alle durch sind) holt man sich manches, ich tippe auf eine vorübergehende Entzündung des Samenleiters.
Alt wird man eben, zwischen hupenden Stämmen und repetierendem Messingblech, seh ich den Wald vor lauter Bäumen nicht, eine echte Gefahr im Straßenverkehr (in Zügen aber völlig harmlos!).
Pro forma starten in meinem Kopf die Kühlaggregate, Cremeschnitten, darauf hätte ich Lust.
Draußen ist kaum noch etwas zu erkennen, Dauerdämmerung, eine von Göttern verstellte Landschaft, die ihre breiten Rücken in Stellung bringen.
Go-gos und Golgatha.

S 41, Kilometer 8, Forbach (im Schwarzwald)

Schwarzwald (ist aber grün wie jeder andere Wald auch), scharwitzelnd zu beiden Seiten des Zuges, ein Specht kurz zu sehen, verschwindet sogleich im Baumdickicht.
Pocahontas kommt mir entgegen, ganz langsam schiebt sich ihr Becken vorwärts, während sie schläft, wie eine Gletscherzunge unaufhaltsam, hinterlässt tiefe Buchten und Kerben in den Sitzbezügen.
Wie die Karnickel, höre ich jemanden murmeln, doch bin ich mir keiner Schuld bewusst.
Pocahontas' Becken erinnert an meinen Sekretär, viele Lädchen und Laden, die allerlei geheimnisvolle Ingredienzien beinhalten, die marmorierte Bauchfläche fordert neckisch dazu auf, seine Hände (nur ganz kurz) abzustützen.
Schnell schließe ich die Augen, um mich innerlich zu strafen.
Schluss jetzt, schluss mit dieser Mixtur.
(Oh, die Gedanken werden rauer …)

S 41, Kilometer 18, Raumünzach

Kaninchen sind an sich kein uninteressantes Thema, dystopische Gesellen durch und durch, wo sie doch ständig daran sind, uns zu untergraben.
Neulich erfuhr ich, dass die alten Germanen (die es von den Römern hatten) die begehrten Nager »Cuniculus« nannten, wo sie doch ständig (unanständige) Löcher in die Erde gruben, was besagte Menschenviecher tagelang an die weibliche Scham denken ließ, das Kaninchen kam so immerhin zu einem (nicht unehrenhaften) Namen.
Und als schließlich Slawen auf Germanen trafen, dachten diese tatsächlich, dass jene mit dargebotenen Lauten wie »Kunnich« und »Kennich« (die Germanen artikulierten sie lauthals) wohl ihrem »König« huldigten!
Ob die Germanen überschwänglich auf die weibliche Scham – Stichwort »Cunnus« bzw. das vertrautere »Cunnilingus« – oder wohlschmeckende Kaninchen aus waren, ist nicht bekannt.
(Vermutungen sind völlig haltlos!!)
Später nannten die Slawen die ihnen unbekannten Kaninchen »kralik«, weil »kral« in ihrer Sprache »König« bedeutete, so dass ein Kaninchen (linguistisch betrachtet) bis heute in den slawischen Sprachen an einen »König« erinnert, während die Germanen bei ihrer »Lochmetapher« blieben.
(Pocahontas döst verträumt …)
Die alten Römerrecken kannten auch noch Worte wie »Muliebria« oder »Spuriusium«, ob sich das Wiener »Gspusi« allerdings damit messen lässt, ist mir entgangen.
(Endlich, die Wiener verlassen den Zug …)

S 41, Kilometer 1, Kirschbaumwasen

Vorwitziger, weißer Schnee: »Siehst du?«
Pocahontas flüstert: »Sibirisch!«
»Sibirisch«, plappere ich ihr nach, wohl wissend um die alten Gespenster.
In den meisten Schwellenländern haben sie doch gar keine Ahnung von Geschichte (bestimmt auch in Indianerreservaten).
Lieber in wärmere Gefilde abtauchen, bis irgendwann der Stoffwechsel ex und hopp … Metabolismus, dahinter steckt keinesfalls etwas Gutes.
Demnächst liebend gern zum Redentore Fest (nach Venedig), ein paar Knallkörper in den Himmel pusten (ffffft! fffffffft!), ich verlier mich in keinesfalls zuträglicher Euphorie.
Die Prinzessin gibt sich gnädig: »Venedig geht auch ohne dich unter …«, ich huldige gern alten Götzen: Agonie! Agonie!
Ein paar Männer mit stecknadelgroßen Köpfen besteigen in Kirschbaumwasen den Zug, nur eine einzige Frau darunter und die trägt einen Schnurrbart.
»Die mit dem Schnurrbart«, sage ich, »ich gebe dir fünfzig Piepen (hä?), wenn du sie darauf ansprichst.«
Pocahontas kryptisch, sagt kein Wort, ich wünsche mir plötzlich, dass alles vergeht, der Zug, der Mensch, all die mit Stecknadeln fixierten Worte, die ich in Naturhistorischen Museen gegen Käfer eintauschte, alles muss ein Ende finden, bald!

Pocahontas ¿()

sichst Du?

1 Vorwitzig weißer Schnee, ~~[illegible]~~, Pocahontas flüstert: sibirisch! Sibirisch! [illegible] ich ihr nach wehklagend um die alten Gespenster. In den Schwellenländern haben sie doch gar keine Ahnung von Geschichte (~~[illegible]~~ in Indianerreservaten). Liebe ~~[illegible]~~ in wärmere Gefilde durchbrennen, [illegible] Stoffwechsel ~~irgendwann [illegible]~~, ex und hopp, Metabolismus, das Wort lässt nichts Gutes vermuten ~~[illegible]~~ Morgen zum Redentorefest (nach Venedig), ein paar Knallkörper in den Himmel pusten, ~~[illegible]~~ ... ich verliere mich in versetzter Euphorie. Die Provinz gibt gerade nach, Venedig geht auch ohne dich unter ... [illegible] ergänzt ich nicht auch noch an meiner (ihrer) Seite. Ein paar Männer mit stecknadelgroßen Köpfen ~~[illegible]~~ setzen sich in unsere Nähe, ~~einige~~ eine einzige Frau darunter und die trägt einen Schnurrbart. Die mit dem Schnurrbart sage ich, ich geb Dir 50 Piepen (hä?) wenn Du dich zu uns herunter bittest ... Pocahontas lächelt kryptisch ich wünsche, dass wir allesamt untergehen, wie Venedig.

2 Birken ... Weiden. Eine magische Taurus (doch), die hier in der Fremde [illegible]. Unser Zug schiebt sich langsam an einer rollenden Landstraße vorbei, die [illegible] Deutschen (und Ossis) und ihre [illegible] Komposita. Hochspannungsdrähte neben den Gleisen. Wohnungen. Ristorante Tartuffo. Elvis lebt. Beinahe ~~[illegible]~~ alte Aufschrift lässt sich finden, [illegible] ~~[illegible]~~ in meinen Pupillen spiegeln sich ~~[illegible]~~ Sumpflüste Mahagoniseiden Weiden.

~~... ich verfiel in eine kaiserliche Trafik. Ach, Prinzessin.~~

Abstract selber gar nichts passiert / zufällig, verzeichn

Pocahontas, wohlgenährt gemeinsam, der 50 Jahre lang

den Zufall hinbelegte, Determinismus? Pfui. Du

stelle / meine Skepsis? Pocahontas spricht von dem Ilam

und wie ihr ein Horoskop ihrer Klempnerin ausdrückte

und dass Freudenstadt ein guter Ort sei, innere Wider-

stände abzubauen. Innere Widerstände? Ich lächle

gequält und meine Vorbehalte verteilt sich an den dünnen

Philosophen. Eigentlich bin ich der Welt gegenüber absolut

offen, vertrage ich nicht ein wohltuende Verallgemeinerung

Das mit dem Horoskop lässt sie doch lieber fallen.

"War nicht Nabokov dieser Typ mit Lolita?", ich nicke

komplex. Was finden alte Männer an jungen Frauen? Ich fühl

mich wie ein Säcklein, in das sie Klärwasser einleiten.

nun", ich nehme an, sie ~~[illegible]~~ fühlen sich angezogen von

ihrer Jugend? Dem Verve? Esprit? Rollenspiele? Pocahontas

sagt mir nichts, nicht herumzuwollen. "Wenn du eine

schwere Flüssigkeit mit einer gelben mischst (meint sie

Lidekeppuse?), was erhältst du da? Ich überlege nicht

lange: "Schwarz!" "Lieben", sagt sie seufzend. "Aber es ist ein

rotes Schwarz als zuvor" ~~[illegible]~~. Nicht mehr ganz

so schwarz, denke ich mir, und die Vision ist auch ver-

rinnt, sieht auch anders.

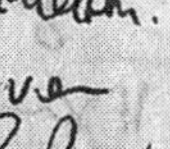

Jochen Kirchhoff: Anderswelt (Abachron III)

Olga Karitidis: Eine Sommerkur; Das weite Land der Seele

nächsten Bahnhof sehe ich ein Pferd, es lehnt an einem Tannenbaum

und wirkt aufmüpfig.

Birken (Betula), Weiden (Salix), eine magische Taurus (Lok), die hier mit uns in der Fremde sonstwohin rast. Der Zug schiebt sich langsam an einer rollenden Landstraße vorbei, die lieben Deutschen und ihre possierlich zur Schau getragene Metaphorik.
Hochspannungswerke neben den Gleiskörpern, Wohnland, Ristorante Tartufo, Elvis lebt, beinahe alles lässt sich am Wegesrand finden, meine Pupillen glitzern wie zwei kampferprobte Halogenscheinwerfer.
»Gar nichts passiert zufällig«, verkündet Pocahontas, wohlgemerkt jemand, der 20 Jahre lang dem Zufall huldigte.
»Determinismus? Pfui!«
Pocahontas spricht von den Sternen, wie ihr ein Horoskop den Klempner ankündigte und dass Freudenstadt ein guter Ort sei, innere Widerstände abzutauen.
Innere Widerstände?
Ich lächle gequält und meine Wirbelsäule verkeilt sich in den hauchdünnen Sitzbezügen.
»Eigentlich bin ich der Welt gegenüber absolut offen«, verlagere ich mich in wohltuende Verallgemeinerungen, das mit den Horoskopen kann sie doch nicht ernst meinen …
»War nicht Nabokov dieser Typ mit Lolita?«, ich nicke perplex.
»Was finden alte Männer an jungen Frauen?«, ich fühle mich wie ein Bächlein, in das sie Klärwasser einleiten.
»Hm, ich nehme an, sie fühlen sich angezogen von ihrer Jugend? Dem Verve? Esprit? Rollenspiele? Freudschen Versprechen? (Freud versprach viel, wenn der Tag lang

war … also wenn er gesoffen hatte)«, Pocahontas findets gar nicht lustig.
»Wenn du eine schwarze Flüssigkeit in (sagen wir) eine gelbe (meine ich Mädchenpisse?) tröpfelst, was erhältst du da?«
Ich lasse sie gar nicht zu Wort kommen: »Schwarz!«
»Schwarz«, seufzt sie.
»Aber es ist ein anderes Schwarz als zuvor!«
Nicht mehr ganz so schwarz, denk ich mir noch, und die Pisse ist auch verdünnt.
(Kein Wunder, wer so denkt, dass der es schwer hat bei den Frauen.)

S 41, Kilometer 32, Schwarzenberg

Es gab eine Zeit, da bekam ich klaustrophobische Anfälle, wenn man mich in einen Zug verfrachtete.
Kein Vertrauen in die Technik.
Vertrauensverlust seit frühester Kindheit an.
Im Gitterbett, Fahrstuhl, Stiegenhaus, Keller, dunklen oder nebelverhangenen Räumen.
Raumgleiter hielt ich damals für lispelnde (aber verflucht leise) Dämonen, die einem im Dunkeln den Mund mit Harz verklebten.
Mit einem Mal sehe ich Pocahontas in der Fabrik, wie sie am Fließband sitzt und irgendwelchen Leim auf Schuhsohlen schmiert oder Schrauben sortiert, der Anblick ist unerträglich.
»Warum machst du das?«, will ich wissen.
»Weil Indianer, so wie Tataren oder Zigeuner, Nomaden sind.«
Meinetwegen, Umherziehende stellten schon immer ein potenzielles Problem dar, überall rottete man sie mit größter Lust aus, jede Diktatur (und die beginnt gleich am Ende des Rückenmarks) sehnt sich immerzu danach, Nomaden auf einen überschaubaren Haufen zusammenzutreiben.
In einem anderen Leben, im richtigen Zug, würde ich Pocahontas Bocksklee ins Haar stecken, spontan wie ich wäre.
Kon-ver-tier, Kon-ver-tier, höre ich die Schienen sticheln, ich sage Ja und draußen wird es hell.
Kommt man je irgendwo an, wenn man ein ganzes Leben lang unterwegs war?

Im Rampenlicht (ein Vorland von Freudenstadt) suhlen
sich Apfel- und Marillenbäume, in Sickergruben sammelt
sich Gülle, Schlick, so fruchtbar ist dieses Land.
Und jetzt ein Fiakergulasch, tönt es in meinen Ohren,
Kehrtwende ausgeschlossen.
Dass unterdessen ein Mammut zustieg, ignorieren
Pocahontas und ich in nahezu lakonischer Herrlichkeit.

S 41, Kilometer 22, Huzenbach

Vor ein paar Minuten musste ich erfahren, dass Pocahontas keinen Alkohol trinkt, woraufhin mir nichts Besseres einfiel, als nachzufragen, warum denn Indianer mit dem Trinken aufgehört hätten?
Als ob ich nicht genau wüsste, wie weh das tut.
»Konsequenterweise haben es die Weißen nie sein lassen«, streu ich nach, es ist aber für die Fische.
Pocahontas weint ein bisschen, als sie sich daran erinnert, dass ihr Vater einst besoffen vom Pferd fiel (Fraktur des Schambeins), für den ansehnlichen Häuptling ein herber Rückschlag.
Tout abus sera puni = Missbrauch strafbar = Die Strafe folgt auf den Fuß!
Aber da habe ich jetzt einfach von der Notbremse abgelesen.
Das kleine (französische) 1 x 1 in Huzenbach.

S 41, Kilometer 12, Röt

Türkischer Honig = 200 g flüssiger Honig + 400 g Kristallzucker + 200 ml Wasser + 100 g Kakaobutter (ersatzweise Kokosfett) + 3 Eiweiß mit Salz und Zucker + Röstmandeln, -haselnüsse, -pistazien, -kürbiskerne (je nach Geschmack).
Kochgeschirr: 1 Wasserbad + 2 Töpfe + 1 Schüssel + 1 Küchenwaage + 1 Teigschaber + 1 Backpapier + 1 Backblech + 1 spitzes Messer.
Zubereitung: Honig im Wasserbad erhitzen + Eiweiß mit Salz und Zucker aufschlagen + Zucker mit Wasser zum Kochen bringen (Vorsicht, die Zuckermischung wird sehr heiß!) + Ausbildung von Zuckerkristallen vermeiden + Honig + Zucker + Eiweiß vermengen + rühren, bis sich die Masse von der Schüssel löst + Kakaobutter + Nüsse oder Kerne beimengen + heiß auf ein mit Backpapier ausgelegtes Blech gießen + 1 Nacht lang auskühlen lassen + mit einem scharfen Messer in Rauten + Streifen oder Würfel schneiden und den Mund damit verkleben.

Rettungsringe, Schwimmflügelchen, sie fallen vom Himmel, umfassen jeden Baum, um jeden Ast kreisen sie fortan, schlüpfen auf Zweige, während Pocahontas ihren Mund öffnet.
Wo ihr Mund endet, beginnt das Wort.
Aber wo genau ist das?
»Türkischer Honig?«, sie kramt in ihrem Täschchen.
Wenn ich nicht völlig danebenliege, handelt es sich hierbei um eine Art traditionelles Friedensangebot der Sioux, eigentlich müsste ich ja einen Frieden machen, mit mir, der Welt, urbi et orbi, Trüffelschweinen.
Die Prägkraft meiner Wehmut lässt merklich zu wünschen übrig.
Ich nehme ein Stück, Türkischer Honig ist mir seit jeher ein Mysterium, meine Zähnchen winseln leise: Aua! Aua!
Die ersten grellen Sonnenstrahlen bohren sich seitlich in den Zug (die Stätten der Freuden sind nahe), sie heben ihn an und wir entschwinden im Sonnenaufgang.
Vielleicht muss sich ein verkappter Romantiker genauso fühlen, wenn er Honig aus der Hand einer Prinzessin empfängt.
Klar doch: Die Symbiose meines Ober- und Unterkiefers bei diesem kulinarischen Exkurs, wie soll ich sagen, sie ist signifikant.

S 41, Kilometer 2, Klosterreichenbach

Reifen John.
Bella Flora.
Pipe-Life.
Ein Industrieviertel, versperrt (beinahe) die Gleise.
Eine Zugestiegene gerät in unsere Anziehungskraft, kämpft noch eine ganze Weile mit ihrer Jungmädchenerziehung (Fremde = weiter Bogen).
Die Macht der Gestirne ist aber weitaus größer (ich = Jupiter, Pocahontas = Neptun), die Gedanken kreisen weiter auf ihren Umlaufbahnen und fischen nach Kometen.
Wir erfahren, sie fährt ins Internat, irgendwo vor Freudenstadt steht so ein Bau, dort bleiben die Mädchen bis zu ihrer Volljährigkeit ... Verschlusssache.
Pocahontas weiß nicht einmal, was ein Internat ist, eine Prinzessin wie es im Buche steht.
»Wie heißt du, Mädchen?«, will ich wissen.
»Pia«, piepst sie.
Vierzehn Karat nenne ich sie in Gedanken, funkelt, glitzert, lebt, nicht so wie ich.
Um es auf den Punkt zu bringen: Wenn ich sterbe, will ich als Vierzehnkaräter wiedergeboren werden.
Echt, nur das mit dem Internat bekomm ich anders geregelt.
Pocahontas hält hartnäckig daran fest, Internat und Reservat sei ein und dasselbe.
Pia ist überglücklich, neben einer echten Prinzessin zu sitzen.
Ich denk schon wieder unverblümt in Endungen, all die Scheiße nach so vielen Therapiesitzungen: Glutamat,

Kopfsalat, Schiffsbootsmaat, Kombinat … Pia klagt …
(ihre Mutter scheint ein echtes Biest zu sein).
Ums Verrecken, nie wieder buche ich diesen Planeten.

S 41, Kilometer 21, Baiersbronn

Pia hüpft in Baiersbronn aus dem Zug, entschwindet im swingenden Tageslicht, vierzehn Karat funkeln darin wie waschechte Kronjuwelen.
Silentio, einfach nur diesen Augenblick für immer festhalten, proklamieren die windschiefen Eschen.
Maulbeerbaum, Bratstörche, Boris Becker mit seinen telegenen Fotzen.
Adieu Pia!
Adieu Wildwestromantik!
Adieu ma belle France!

S 41, Kilometer 17, Friedrichstal bei Freudenstadt

Hausdächer mit Solarzellen, Hausdächer ohne, Hausfassaden, Dämmplatten und Paletten.
Deutschland bereitet sich gründlich vor auf den Winter.
Auf- und zuschnellende Schnellbahntüren, ab und an ein freundliches Shakehands am Bahnsteig, Mütter warten auf ihre Töchter, Vaterslärm, Meister suchen ihre Gesellen, Tante Grete tätschelt die launige Schwiegertochter, stopft ein paar Pralinen in den barfüßigen Mund, zwei Schwangere begrüßen einander, ich erkenne kurz die aneinandergelehnten)(Bäuche.
Silentium post clamores.
Ich denke und lache im selben Atemzug, bei Dschingis Khan war das (soweit ich weiß) angeboren.
Bei Nabokov antrainiert, nur bei mir konnte sich keiner entscheiden.
So oder so: Pocahontas und ich gehören nicht zu denen, die aus Verlegenheit lächeln.
Durch die offenen Fenster weht eine Schreckensnachricht: Patrick Swayze ist tot!
Pocahontas telefoniert sofort mit einer Freundin, ob sie auch schon weiß.
Dass sich Indianerprinzessinnen für »Fackeln im Sturm« (und »Dirty Dancing«) zu begeistern vermögen, liegt auf der Hand.
Die Sioux stimmten sich seit jeher mit Tänzen auf Kriege ein, Choreografien des Schreckens und der Finsternis (kann schon sein, dass das etwas theatralisch klingt), jedenfalls gebaren Indianerinnen schon immer die besten Tänzer.

»Bauchspeicheldrüsenkrebs ist eine üble Sache«, höre ich sie flüstern, ich stehe kurz auf und vertrete mir die Beine. Flanierend in Fahrtrichtung, Wagon an Wagon gehäkelt, den meisten Reisenden fällt so etwas nicht einmal mehr auf.
Was blieb von der Ingenieurskunst?
Bestenfalls ein paar Männerfantasien.

S 41, Kilometer 2, Freudenstadt Vorstadt

Marvin Köhler – ihr Schornsteinfeger! Pocahontas rezitiert, was ihr ins Auge fällt, draußen im Freudenvorland. Dass sie tatsächlich jemanden bei Freudenstadt »Marvin« tauften, es bringt mich leicht aus der Spur.
Unwillkürlich scrolle ich in der Zeit zurück, denke an Cholera und die allerhübschesten teutschen Namen, Dietrich von Donnersack oder so ähnlich, verschieden am »Gallenbrechdurchfall« und begraben unter Kohlebergen. So etwas wie ein Aquädukt taucht aus dem Dämmerlicht empor, als Bub hatte ich noch davon geträumt, dass sich ein solches Bauwerk am Äquator befindet und die dort ineinanderfließenden Ozeane die Erde in eine Nord- und Südhalbkugel teilen.
Eines meiner vielen Hirngespinste.
Und dass man auf den Friedhöfen viel Platz sparen kann, wenn man die Toten aufrecht stehend beerdigt.

S 41, Kilometer 8, Freudenstadt Stadt

Stielaugen, Schielaugen, einen glitschigen Schlei am Haken, winkt ein übereifriger Fischer unserem Zug nach. Freudenstadt, ein paar Stationen noch bis zum Hauptbahnhof, ich befehlige immer noch zwei Armeen, rote und weiße Blutkörperchen, die irgendwo in mir in Bewegung bleiben.

»Der Lumpe ist leicht zu finden, ein paar Hauszeilen vom Bahnhof entfernt, bestimmt wirst du dich amüsieren«, ritzt Pocahontas unversehens in mein Herz, Narben, die nie wieder abheilen.

Grautrübe trat ein: An Land verschwamm alles, Fensterläden trieben über ein paar (aus dem Nichts formatierte) Wiesen, der Heiland stieg vom gar nicht mehr so hohen Ross und tauchte gewandt auf und ab.

Ich schob mir einen allerletzten Kaugummi unter die Zunge, die Haarbüschel zirpten, die Füße quakten, kein Panoptikum der Weichteile.

Pocahontas ohne Wenn und Aber: saß verschränkt mit ein paar Fleißkärtchen im Zugwind und drehte zeitlupig am Handgelenk.

Von mir wölfische Worte, sie tat das ihre dazu, mir den Klempner schmackhaft zu machen.

»Wir können ja einen trinken gehen.«

Trinken hatte schon immer etwas von einem Zauberspruch … den Tüchtigen ist diese Welt wahrlich nicht stumm, und: Den Himmel überlassen wir Engeln oder Spatzen.
Ein paar Flaschen Weinbrand kann man immer an sich heranziehen, Verstand und Tugend noch nicht wieder. Nicht, wenn man mit hemdsärmeligen Deutschen gesoffen hat.
So schnell kriegt mich aber kein Klempner unter den Tisch … nach Wurzelzeug und Suppengrün duftend, Faultieratem und das Werkzeug vielleicht noch untern Arm geklemmt: Rohrzange, Putzlappen und ein Bürstenkopf (ident mit dem früheren Haarschnitt von Sergej Bubka).
»Macht ihr nur«, sage ich mit dem mir eilig zugeflogenen Restverstand, »ich muss ins Hotel, etwas gegen meinen Jetlag (Jet-Li) tun.«
Jetlag, warum nicht auch in Zügen.
Ich glaube sowieso nicht dran, das haben sich vorwitzige Kampfpiloten ausgedacht, wenn sie nach geschlagenen Stunden sky-diving keinen Bock mehr hatten.
»Hier ist sein Revier«, kleckert Pocahontas munter weiter, zeigt auf ein paar Industriekartelle, wir passieren tatsächlich ein Fabriksgebiet, Klempnerhallen, Klempnerfallen, Raffinerien, Stahlstasis (ich nenn so gewisse Monopolisten), Schlachthöfe und Möbellager für Frischvermählte. Falls es am Hauptbahnhof zu regnen beginnt (prüfender Blick zum Himmel), kann ich mich mit ein paar zurechtgelegten Sätzen über Wasser halten, allen voran: Sie sind aber ganz schön nass geworden!

S 41, Kilometer 3, Freudenstadt Industriegebiet

Und nur um die künftigen Freuden besser einzuschätzen: Die Geschichte Freudenstadts besagt, dass ihr Grundriss 1599 einem Mühlebrettspiel nachempfunden worden war (lieb!), in dessen Mitte ein Schloss entstehen sollte.
Nach dem frühen Tod des Stadtgründers gingen diese Pläne den Bach hinunter.
Schon wenige Tage nach der Gründung (3000 glückliche Freudenstädter lebten vor Ort) brach die Pest aus und holte sich 800 Seelen.
Weitere 900 Frohgemüter wanderten daraufhin aus, einige sogar in die Neue Welt, der Vorname »Joey« soll anschließend zum ersten Mal aufgetaucht sein.
In der Alten Welt folgten Viehkrankheiten und Missernten, die Lage spitzte sich zu, sogar die Forellen im einzigen Bächlein trieben mit den Bäuchlein obenauf.
1632 brach im einzigen Gasthaus »Zum Güldenen Barben« ein Feuer aus, das sich (dem Grundriss folgend) begierig durch die Fachwerkhäuschen fraß. Die Freudenstädter bauten alles wieder auf.
Im Zweiten Weltkrieg, nach dem Einmarsch französischer Truppen, kam es zu heftigen Übergriffen, 600 vergewaltigte Frauen seien allein bei Ärztin Renate L. in Behandlung gewesen.
Sie verschrieb Salben und riet, sich innerer Stärken zu besinnen, tagtägliche Hygiene nicht zu vernachlässigen (jetzt erst recht!).
Die Franzosen fackelten nicht lange, nach aufregenden Wochen legten sie in Freudenstadt Feuer, auf Vorhaltungen habe die Bevölkerung die Antwort erhalten: Es sei Krieg, Freudenstadt müsse drei Tage (mindestens!) brennen!

Freudenstadt demnach: Perle des Westens, Zuckerschote des Südens, Raubkäuzchen, Schleckschlingel, Buchmekka, Babylon, Vorhölle, Bellinis am Bahnhofstand, serviert mit vergnüglicher Currywurst, Brennpunkt architektonischer Sünden, bebend, bibbernd, bibit, bibit! (Beat it.)
Allerdings, kein Klempner weit und breit, muss wohl aufgehalten worden sein, »bestimmt ein Notfall«, weiß Pocahontas.
Am Bahnsteig von Freudenstadt kommt keiner zu kurz. Mein Klempner hatte auch diese Notfälle … da gab's doch dieses Flittchen aus Polen (daran ist tatsächlich nichts zu beschönigen), seine Frau reichte nach Jahren die Scheidung ein.
Wir stehen eine Weile am Präsentierteller, ich spendier Pocahontas (und mir) einen Hot Dog, tut schon gut, etwas wohlig Warmes mit seiner Bio-Schrotpresse (Fresse) zu zerteilen, hin und her schieben und sieben die Zungen den Brei, bevor er in die Untiefen unserer Seelen entschwindet.
»Es gab eine Zeit, da überfielen Indianer haufenweise Züge«, behauptet Pocahontas, so gesehen wären wir früher gar nicht bis Freudenstadt gekommen.
»1866 fand in Indiana der erste historisch belegte Überfall einer weißen Gruppierung, der so genannten Reno-Gang, statt«, doziere ich zum Abschied (schon erstaunlich, was ich mir alles merke: Eselsbrücken).
Die 943 … Neun vierzigjährige Dreiräder.
Die 1866 … Ein Achtungserfolg eines Sechsundsechzigjährigen (Sex!).

Reno-Gang … Rätoromanische Endoskopie nach
Olsen (Palindrom: Gnag = Gnack, tiefösterreichisch für
»Genick«).
Es wird doch niemand meine Methoden in Frage stellen.
»Ich werd zu seiner Wohnung laufen«, entscheidet die
Prinzessin, »dich seh ich dann vermutlich bei dieser
Lesung.«
»Vermutlich«, revanchier ich mich.
V-E-R-M-U-T-L-I-C-H …
Déjà-écouté … auch schon (irgendwo) gehört!
Diese verfickten Franzosen!

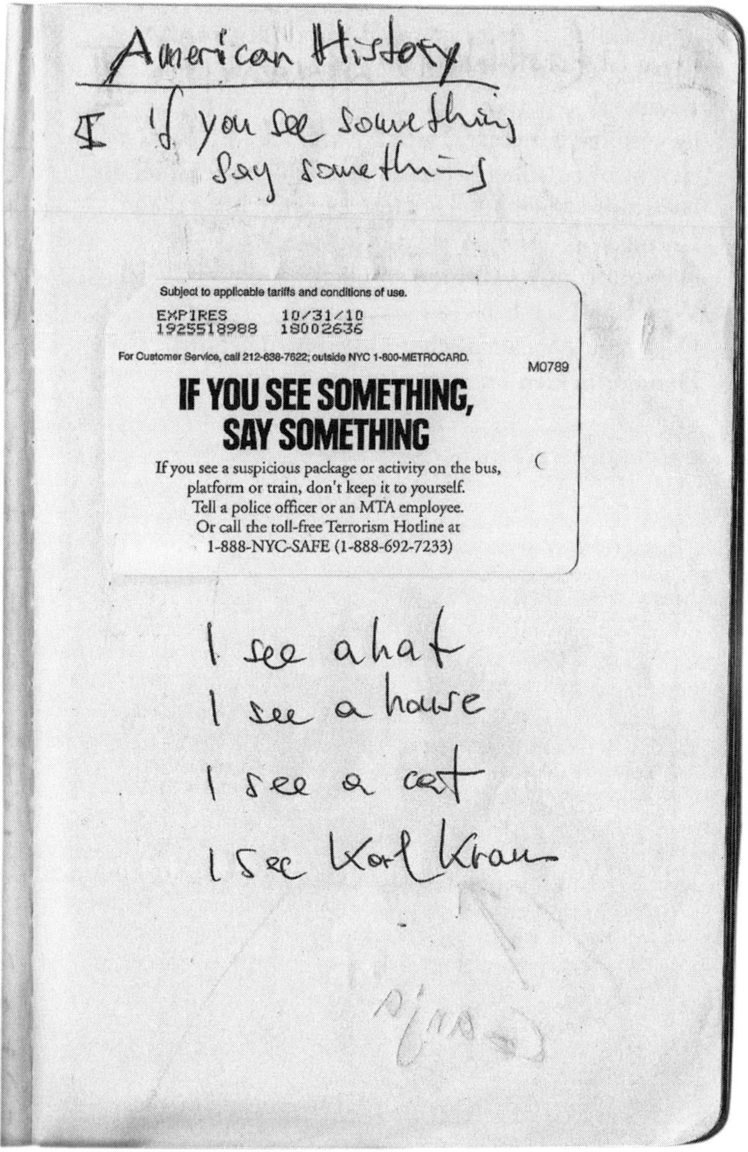
American History
I If you see something
say something
Subject to applicable tariffs and conditions of use.
EXPIRES 10/31/10
1925518988 18002636
For Customer Service, call 212-638-7622; outside NYC 1-800-METROCARD.
M0789
IF YOU SEE SOMETHING,
SAY SOMETHING
If you see a suspicious package or activity on the bus,
platform or train, don't keep it to yourself.
Tell a police officer or an MTA employee.
Or call the toll-free Terrorism Hotline at
1-888-NYC-SAFE (1-888-692-7233)
I see a hat
I see a house
I see a cat
I see Karl Kraus

Raritan River

Bound Brook, cloudy, kissing fools and knives and Raritan wives

Nur zu gut kann ich mich noch erinnern: Wie ich beim Cowboy-Indianer-Spielen immerzu versessen auf Federn war, Häuptlingsschmuck und Traumfänger. Später erfuhr ich, Indianer tragen auch deshalb Federn, um größer zu erscheinen. In Afrika kennt man dieses Phänomen – wenn Kinder Hyänen begegnen, wird ihnen geraten, sich einen Ast (oder etwas Ähnliches) auf den Kopf zu setzen, um ja größer zu erscheinen. Die Hyäne lässt sich beeindrucken, sie verschont einen, nicht aber die Weißen!

Ich schließe die Augen und meine, sie ganz leise zu hören: »Raritan, Raritan, schließ deine Augen und sprich uns nach, keinen Tag länger sollst du dürsten.« Die Algonquian folgten noch ehrfürchtig dem mächtigen Raritan, was in ihrer Sprache »stream overflows«, der überbordende, -flutende oder auch »forked river«, der gespaltene Fluss, bedeutete.

Wie spricht man Algonquian eigentlich aus? Was bedeutet es? Man sagt »Al-GON-ki-an und es bedeutet eigentlich gar nichts. Welche Stämme gehören zu den Algonquian? Zu den vielen Stämmen der Algonquian zählen die Abenakis, Algonquins, Arapahos, Attikameks, Blackfeet, Cheyennes, Crees, Gros Ventre, Illini, Kickapoo, Lenni Lenape/Delawares, Lumbees, Mahicans (darunter die Mohicans, Stockbridge Indianer und Wappingers), Maliseets, Menominees, Sac und Fox, Miamis, Mi'kmaq/Micmacs, Mohegans (darunter die Pequots, Montauks, Niantics und Shinnecocks), Montagnais/Innu, Munsees, Nanticokes, Narragansetts, Naskapis, Ojibways/Chippewas, Ottawas, Passamaquoddy, Penobscots, Potawatomis, Powhatans, Shawnees, Wampanoags (darunter die Massachusett, Natick und Mashpee), Wiyot und Yurok. Was aßen die Algonquians, als es noch keine Supermärkte gab? Abhängig von den klimatischen Gegebenheiten aßen die verschiedenen Stämme der Algonquian ganz unterschiedliche Speisen.

Früher spielten die Geschichten dieses Landes am Fluss, das tun sie noch heute, wenn man die Welt der Highways und Hochhäuser hinter sich lässt, ganz nahe ist plötzlich der Schlamm, man schmeckt sie wieder, die darin aufgebahrten Fische. Ich stolpere über alte Baumwurzeln, die gut im Fluss gedeihen, die von seinem Brackwasser trinken und alles in sich speichern … die Strömung, den Schlick und alle noch spürbaren Unterschiede zwischen dem Dies- und Jenseits. Ich breite eine Landkarte aus, im Staub der Böschung, zwischen den zirpenden Grillen, kann ich die Spuren einer Frau erkennen, sie trug flache Schuhe und ich stelle mir vor: Mokassins, Mokassins.

New B., ride the snake, to the lake, the way is old, your skin is cold

Ich höre den tosenden Highway, an dessen Rändern mit den Jahren allerlei Treibgut strandete: Reifenstücke, vom Fahrtwind verwehte Baseballkappen, Glasscherben, schmierige Stoffreste, Knochensplitter vorsichtiger und unvorsichtiger Tiere, rostige Kleiderbügel, Telefonwertkarten, Ölkanister. Der Highway hält alles fest und achtet darauf, dass nichts in die Fahrrinne gerät, keine hundert Meter vom Raritan entfernt. Die Fußabdrücke der unbekannten Frau queren eine Baustelle, sie werden von einem Bagger überschrieben, hier noch etwas ausstreichen und da und dort und keiner wird jemals davon erfahren, niemand war hier, nichts ist passiert, niemand hat existiert.

RARITAN TWP: Wie offizielle Stellen gestern bekannt gaben, sucht die Polizei nach einer verschwundenen Frau. Die Polizei erhielt in den frühen Morgenstunden einen Anruf von der Schwester der Vermissten, die berichtete, Hanny Arzayus, 29, seit einer Woche nicht mehr gesprochen zu haben. Die Frau und ihr Mann waren gerade von einem Urlaub zurückgekehrt, als sie Arzayus und ihren dreijährigen Sohn, Alexsandro Torres, nicht in ihrem Haus in der Shelton Road antrafen. Arzayus fährt nicht Auto und hat keinen Führerschein. Es handelt sich um eine Frau indianischen Aussehens, 1,52 m groß, 54 kg schwer, mit schwarzen Haaren, braunen Augen und einem dunklen Teint. Alexsandro ist ebenfalls indianischen Aussehens, er hat außerdem ein rotes Hautmal auf seiner Lippe und ihm fehlt ein Schneidezahn. SAYREVILLE: Die Knochen einer 24-jährigen Frau aus Perth Amboy, die seit dem 29. September vermisst worden war, wurden am Samstag nahe des Raritan

River aufgefunden. Die Polizei konnte keine Todesursache bei der Frau feststellen, die sie als Ziomara Rivera identifizierte. Allerdings fand man bei einer am Sonntag vorgenommenen Autopsie keine Anzeichen von Gewalt, weswegen von Selbstmord ausgegangen wird. Die 24-Jährige galt als äußerst labil.

Die Communitys des Raritan … Bound Brook, Bridgewater, East B., Township, Edison, Franklin T., Highland Park, Hillsborough, Manville, New B., Perth Amboy, Piscataway, Raritan, Sayreville, Somerville, South Amboy, South Bound Brook, South River and Woodbridge … merk dir die Namen, flüstere sie in die Dämmerung bevor du einschläfst und du wirst nicht mehr umkehren wollen. Ich quere schon bald die Brücke von Bound Brook, keine Menschenseele will mir Einhalt gebieten, Wolkentürme stützen die immer noch verwaisten Logen der Götter. Unter mir ein seichtes Rinnsaal, braungrau und fahl, als würden sie es einige Meilen stromaufwärts vorrösten, Goldgräber oder Kaffeesieder, ganz egal. Zwei Narren unter mir treiben einen alten Wels mit Stöcken vor sich her, stochern und wühlen den Grund auf. Näher an der Wahrheit als manch anderer, verstecken sie sich hinter Masken, hier geht alles vor die Hunde, der Fisch entwischt.

Bridgewater, bright, torture, mature, human nature

Im Flussbett blieb so manches gespeichert, am Land längst von Zeiten und Menschen verwischt … die Frauen, die hier einst lebten, sind tot, die Männer, die hier einst lebten, sind tot, ihre Kinder und Kindeskinder, alle tot und andere zogen später hierher und nahmen ihre Plätze ein.

Ich betrachte mein Spiegelbild, der Fluss verteilt und fügt mich wieder zusammen, ich bin ein Kräuseln, ich bin ein Schlingern, morgen muss ich fort von hier, ich werde keine Fragen stellen.

Am 13. April starteten 4000 britische und hessische Truppen unter Cornwallis' Kommando einen Überraschungsangriff auf die Garnison in Bound Brook. Die Truppen marschierten auf beiden Seiten des Raritan River nach Norden, während eine dritte Einheit den Fluss nördlich davon querte, um von Westen aus anzugreifen. Die vierte Einheit kam von Osten, um die Amerikaner am Rückzug zu hindern. Die Vorhut des hessischen Field Jaeger Corps unter Oberst Johann Ewald stieß am linken Ufer des Raritan auf heftigen Widerstand der Amerikaner. Kurz darauf überschritt der Großteil der britischen Armee die Queen's Bridge auf die linke Seite und betrat Bound Brook. Die amerikanischen Kämpfer wurden überrascht und flohen, sie verloren sich in kleinen Scharmützeln. Selbst Lincoln wäre fast nicht mehr mit heiler Haut davongekommen, er floh überstürzt in Unterhosen und einem nur halb zugeknöpften, fleckigen Hemd.

Diese »Battle of Bound Brook« geistert noch heute in alten Tagebüchern umher, Amerikaner, Briten, schottische Highlander und hessische Söldner, »Shocktroop Hessians«, die keine Gnade kannten, alle tot und längst vergessen, im Fluss verfault. Als ich durch Bridgewater eile, kommen mir leise Zweifel, ob es mich wirklich gibt, wohin ich gehen soll und warum dort, wo ich bin, gar nichts ist. Ein paar Footballspieler laufen mit gesenkten Köpfen zu ihrem hiesigen College, auf ihren Helmen glitzern aufgeklebte Totenköpfe und Comic-Figuren:

Speedy Gonzales und Duffy Duck. Ich stelle mir vor, wie sie gegen die Hessen anstürmen, die mühelos ihre Helme aufhacken. Manche der Söldner kleiden sich nach gewonnener Schlacht wie die heutigen Footballstars, die ultimative »National Shocktroop League«.

Einst streiften sich sogar die Indianer die Kleidung ihrer getöteten Feinde über … Hüte der Kavallerie und die schmucken Uniformen der Blauröcke, selbstverständlich wuschen sie kein Blut ab. Allerdings hatten diese bei Weitem nicht den Stellenwert von Bären- und Bisonfellen, von denen doch die Kraft der Tiere auf die Krieger überging. Die Kräfte, die es bis in mich geschafft haben: 10 000 Schaumrollen mit Schokoglasur, 9999 Hamburger Royal mit Käse, 83 Bisonsteaks und eine nicht wirklich eruierbare Zahl an Gummibären. Schließlich bleibt ein Greyhound in der Nähe des Campus stehen, der Fahrer vertritt sich die Beine und schlendert zum Fluss, wir schauen einander verlegen in die Augen, sein Bauch wölbt sich bis zur Flussmitte, der Raritan zwischen uns.

East B., bright, it takes time, to be a funny valentine

»Keep on going, wheelchair raider«, höre ich jemanden brüllen, während sich ein kleiner Junge mit seinem Rollstuhl eine Steigung hinaufmüht, die Anhöhe beherbergt ein einfaches Haus. Davor eine ältere Dame (wohl die Grandma): »Don't give up honey!« Immer weiter strampeln, das vermeintlich Beste daraus machen, bevor man die Augen schließt. Dahinter verbirgt sich eine andere Welt: Ich laufe die breiten Avenues der großen Stadt auf und ab, der Wind weht mir Seifenblasen ins Gesicht, es gibt ihn wirklich, den Seifenblasenmann, er steht an der Ecke Broadway/Spring Street und lässt sich feiern … er ist schwarz, er ist ein Gott und er ist aus Jamaika.

Kaum öffne ich die Augen, sehe ich einen Mann, der ein frisch erlegtes Reh zu einem Seitenarm des Raritan trägt (er hält es wie ein Vater, der sein Kind schützen will), schließlich bricht er es auf und schiebt mit seinen klobigen Hacken die Gedärme und Innereien ins Wasser. Das sie fortspült, wäscht und wendet, staunenden Uferbewohnern zur Schau stellt, den hier ansässigen »leeches, bivalve shellfish and Raritan River flounders«.

Die Mokassinfährte führt weiter den Fluss entlang, ihre Ränder trocknen auf und bröckeln, in manchen Abdrücken sammelt sich das Wasser, die Spur wird kalt und verwest. Früher noch waren diese Spuren in Schlick und Schnee mein liebstes Tagesgeschäft: Ohne zu wissen, von wem sie stammen, versuchte ich, mir die zugehörigen Geschöpfe vorzustellen. Ein Bär musste doch die Abdrücke von Kanonenkugeln hinterlassen, Flussotter, die durch den Schnee robbten, ihre Fährten erinnerten an Bobbahnen (Eiskanal), bei Rehen meinte ich

zu erkennen, hier sei ein Tisch spazieren gegangen (ohne Stühle) und bei Vogeltritten stockte tatsächlich mein Atem … hier zogen wohl Vogelscheuchen durchs Land, mit ihren im Wind flatternden, verschlissenen Gewändern. Menschenspuren (barfuß) gehörten stets zu Landstreichern, Profilsohlen und festes Schuhwerk, darin wiederum zogen alte Dämonen durchs Land, sie kamen nur zu leicht außer Tritt, auf ihren Streifzügen über glühende Kiesel und Kohlen.

Township, rain, roundtrip, insane in the brain (Zip the Pinhead I.)

Friedhöfe besitzen eine ungeheure Anziehungskraft, nirgendwo sonst fühle ich mich so sehr als Mensch, lebendig und doch nur ein paar Meter von meiner letzten Ruhestätte entfernt. Der Fluss wird noch da sein, wenn ich nicht mehr bin und darüber dieser Himmel mit seinen viel zu ausladenden Gesten …

Zip the Pinhead wurde am 26. April 1926 auf dem Friedhof von Bound Brook, Platz 399, begraben, ein kleiner Grabstein mit der Aufschrift »William H. Johnson, 1857–1926«, erinnert an seine letzte Ruhestätte. In eine afroamerikanische Familie geboren, verlief seine Entwicklung normal, nur sein Kopf blieb klein, es hieß, er sei ein pinhead, pinball, wow, wow, wow. Die Eltern zeigten sich damals einverstanden, ihn im Zirkus zur Schau zu stellen, man verkaufte ihn als »missing link«, angeblich irgendwo in Afrika ins Netz gegangen, bissig und brutal. Zip ließ sich ein Fellkostüm schneidern, rasierte effektvoll seinen Kopf und wohnte fortan (mit seiner Einwilligung) in einem Käfig.

»Zip the Pinhead, the What-Is-It?« Man behauptete gern, dass sich der wilde Mann von rohem Fleisch, Nüssen und Früchten ernährte, jedoch auch lernte, zivilisiertere Speisen wie Brot oder Kuchen zu essen, mit Messer und Gabel wohlgemerkt.

Zip rüttelte an den Käfigstangen, schrie und schrie, seine Auftritte waren immerzu ausverkauft, nicht die kleinste Lücke tat sich auf im Publikum. Mit den Jahren gab sich Zip schließlich ruhiger, teilte die Bühne sogar mit anderen Künstlern, allen voran sein Freund Jim Tarver (»the Texas Giant«), Jack Earle (»the Tallest Man in the World«) und »Koo-Koo, the Bird Girl«. Wichtige Persönlichkeiten ihrer Zeit ließen es sich nicht nehmen, ihn aufzusuchen, allen voran der Prince of Wales und Mathew Brady, der berühmte Bürgerkriegs-Fotograf. Doch Zips allerbester Freund war Captain O.K. White (sein Manager), »he wakes him up and sings good-night«, der überließ ihm sogar seine Geige.

Zip war äußerst ungeschickt mit seinem Instrument, sein Geigenspiel war dermaßen fürchterlich, dass ihn seine Mitartisten und Zuschauer schließlich dafür bezahlten, mit dem Spielen aufzuhören. Zip soll auf diese Weise 14 000 Dollar in nur sechs Jahren verdient haben und Captain White investierte das Geld in verschiedene Unternehmen, worunter sich auch eine Hühnerfarm in New Jersey befand.

Edison, rain, roundtrip, insane in the brain (Zip the Pinhead II.)

Der Raritan, seine Nächte sind pechschwarz, das Wasser zieht sich wie ein öliger Film durch die Landschaft, kontaminiert soll es sein von allerlei Sedimenten, die Industrie hinterlässt ihre Spuren. Wer vom ungefilterten Wasser trinkt, so erfahre ich, dessen Hirn schrumpft angeblich bis auf Erbsengröße zusammen. Ich stellte mir früher immer vor, dass sich ein reduziertes und verdichtetes Gehirn endlich auf das Wesentliche beschränkt: Unmissverständlich seine Meinung kundzutun, also »JA« oder »NEIN« zu sagen.

An einem Sonntagnachmittag im Jahr 1925 hörte Zip ein kleines Mädchen um Hilfe rufen, er sah, dass das Mädchen im Fluss mit den Armen fuchtelte, er sprang beherzt ins Wasser, um sie zu retten. Alle, die Zeuge dieses Vorfalls wurden, priesen seinen Mut, er aber lief davon, um ihnen zu entkommen. Zip bekam Bronchitis und spielte, gegen den Willen seines Arztes und Captain Whites, weiter seine Rolle in diesem ihm lieb gewordenen Zirkusstück. Später kehrte er geschwächt nach Bound Brook zurück, wo ihn Captain White und seine Schwester pflegten ... er starb und man nannte ihn schon bald »the Dean of Freaks«. Bei seinem Begräbnis waren die bekanntesten Showgrößen der damaligen Zeit anwesend, unter anderem Lady Olga Roderick (die bärtige Lady) und Frank Graf (der tätowierte Mann). Während der Feierlichkeiten brach Captain White schließlich zusammen, drei Tage später starb auch er, Zips letzte Worte zitierend: »Na, die haben wir ganz schön lange zum Narren gehalten, was?«

Wie heißt es doch in einem alten chinesischen Sprichwort: Ein Narr springt ins Wasser, um eine Blase zu erhaschen. Die Indianer jedoch wissen: Wer am Fluss leben will, der schließt besser Freundschaft mit den Krokodilen.

Franklin T., stormy, nobody does it better, bring the shredder

Häufig gestellte Fragen in Franklin T. (nach eingehender Recherche der zur Verfügung stehenden Informationen auf der Homepage von Franklin T.): Was soll ich tun, wenn ich Hasenbabys im Garten finde? Lass sie in Ruhe. Sie wachsen sehr schnell und werden weg sein, bevor du es merkst. Was kann ich gegen Murmeltiere machen? (Sie haben meine ganzen Tomatenpflanzen gegessen, kaum hatte ich diese gesetzt.) Du kannst deinen Garten einzäunen. Was auch gut funktioniert, ist, ein Radio rund um die Uhr anzulassen (unabhängig vom Sender). Wie man Murmeltieren sonst noch beikommen kann – kontaktieren Sie die »National Rifle Association«. Warum braucht die Stadtverwaltung so lange, um wucherndes Gras zu mähen? Die Stadtverwaltung mäht niemandes Gras. Wie wäre es mit einem Mietschaf? Es stehen 36 Polizeiautos auf dem Gemeindeparkplatz. Wieso brauchen wir so viele? Die Polizei kann jederzeit zwischen 7 und 22 Streifenwagen im Dienst haben. Um die Lebensdauer der einzelnen Fahrzeuge zu verlängern, werden sie abwechselnd eingesetzt. Kann ein Landwirt oder Hauseigentümer Rasenschnitt oder Blätter auf der Straße entsorgen? Nein. Paragraf 183-32 A(4) besagt: Niemand darf unverpackte Gartenabfälle auf die Straße fegen, rechen, blasen oder auf andere Weise befördern. Selbiges gilt auch für den Raritan.

Highland Park, damnable weather, Curiosity killed the cat, in front of the flat

Angeblich gehen hier am Raritan den Fischern bestenfalls ein paar Sprotten in die Netze, größere Fische sind rar und voller Blutegel. Ich halte eine ganze Weile meine

Hand ins (an dieser Stelle) gallig-gelbe Wasser, keinerlei fleißige Sauger in Sicht, doch Blut fließt an den Ufern des Flusses reichlich.

Ich erinnere mich, dass wir einmal sogar Blutsbrüder waren: Ich und Tom und Käthe und die kleine Bernadette, die beim Spielen alle nur »Bat Nat« riefen. Wir alle mischten unser Blut und gossen es auf die Straße vor der Tankstelle, sahen fasziniert dabei zu, wie es langsam auftrocknete und Bat Nat gab allen einen Spitznamen: Tom Autodrom (wegen seiner Vorliebe für Chevys), Käthe Mc Gräte (unser Fisch im Ozean) und ich, der kleine Herdenmacher.

Aus einem Leserbrief der »Highland Park News«: Wir nannten unseren Hund »Curiosity«. Nachdem er die Siamkatze unserer Nachbarin getötet hatte, passte dieser Name wie die Faust aufs Auge. Meine Mutter hasste die Katze, sie hat immer behauptet, dass sie auf sie herabschaut. Es tat ihr überhaupt nicht leid, dass sie nun tot war. Meine Mutter mochte auch das Frauchen dieser Katze nicht, sie meinte, dass sie doch einfach nach Siam fahren und irgendeine Straßenkatze aufgabeln soll. Im Wohnzimmer meinte mein Vater, dass sie auch gleich zur Hölle fahren kann. Aber die Frau fuhr nirgendwohin. Ohne auf die Ratschläge zu hören, setzte sie sich schließlich auf die Treppe vor unserem Haus und blieb dort sitzen. Sie zog einen Schuh aus und fing an, ihren Fuß zu massieren, dort, auf unserer Veranda, im strömenden Regen. Wir beobachteten sie durch die Vorhänge und unsere Mutter hielt uns nicht davon ab, weil es völlig in Ordnung ist, jemanden anzustarren, der gerade seine alten Füße auf unserem Grundstück massiert. Meine Eltern wandten bei der Katzenfrau die gleiche Strategie an, die sie auch bei meinen Brüdern anwandten, wenn diese etwas Verbotenes taten: Sie ignorierten sie. Aber es funktionierte nicht, genau wie bei meinen Brüdern. Als es anfing zu regnen, beschloss ich, der Katzenfrau eine Tasse Tee zu bringen. Es war ein Kräutertee, das heißt, er schmeckte nach Gras, und es war auch die erste Tasse Tee, die ich je gemacht hatte. Die Katzenfrau fragte mich, ob ich mich neben sie setzen will, während sie ihren Tee trank, und sie weinte, weil ich so ein liebes Kind war und weil ihre Katze tot war und weil es in ihren Tee regnete und weil sie nicht heim in ihr leeres Haus zurück wollte, in dem Pansys Blut auf dem Küchenboden klebte. Pansy war die Katze.

Hillsborough, quite sunny, cell phones for soldiers, crash test dummy

Das »Hillsborough County Security Services Department« (kurz HC SS D) hat mit seiner zweiten »Handys für Soldaten«-Sammelaktion in diesem Jahr begonnen, um den in Übersee stationierten Truppen dabei zu helfen, Kontakt zu ihren Familien zu halten. Die Sicherheitsbeamten haben sich mit einer Non-Profit-Organisation zusammengetan, die alte und nicht mehr benötigte Handys gegen Prepaid-Telefonkarten tauscht, damit die Truppen mit ihren Lieben in Verbindung bleiben können. Das »Handys für Soldaten«-Programm wurde 2004 von zwei Jugendlichen aus Massachusetts gegründet … mit 21 Dollar. Seitdem hat die Organisation mehr als zwei Millionen Dollar an Spenden gesammelt und mehr als 500 000 Prepaid-Telefonkarten an Soldaten verteilt, die in Übersee dienen.

Mit den Soldaten gingen die Kriege auch nicht, reichlich von der grauroten Brühe müsse noch diesen Fluss passieren, weiß eine alte Dame am Ufer, bis Gott vielleicht ein Einsehen hat und uns unsrer Schwächen entledigt … die da wären: Neid, Zorn und Gier … ich höre die Welt im Hintergrund plätschern, ein sanftes Rauschen, abklingender Lärm und stumpfer werdende Klingen, alles mischt sich und wenn ich meine Ohren mit Moos verstopfe, kann ich dann endlich schlafen? Kann ich dann in einen der alten Fords steigen, gegen eine Wand rasen und mich erneut an die Welt wenden, unverletzt, aber endlich taub?

Manville, night, get me out of here, enjoy the flight

Das kleine Motelzimmer läuft langsam voll, Christian Brückners Stimme erzählt vom Herz der Finsternis, stromaufwärts fahren wir, wo das Unheil seinen Lauf nahm. Der düstere Fluss inmitten Afrikas kann einem Menschen den Verstand rauben, das Hinterland sein Herz und die Dunkelheit alle Zuversicht, zu der man sich – wider alle Vernunft – manchmal durchringt. Das Wasser, das hier aus den Leitungen tropft, lässt sich kaum trinken, es riecht nach Chlor und schmeckt nach rostigen Karosserien (hiesige Wirte und ihre im Buschland entsorgen Corvettes!). Die kargen Wände werfen nichts ab, nicht einmal mein eigener Schatten lässt sich blicken. Vom Fenster aus kann ich den Raritan sehen, halbherzig von einigen Bäumen verdeckt, baumeln ein paar Bojen in der Strömung. Gleich dort unten, werde ich morgen erfahren, hat sich einer erschossen. Hat jeden Tag geschuftet in einer der nahe gelegenen Industrieruinen, hat getrunken, hat gegessen, hat sein Leben gehasst, hat sich gehasst, wie soll man sonst auf die Idee kommen, hat mit keinem gesprochen, hat nicht gegrüßt, hat bisschen Geld zur Bank getragen, bis die Pleite ging. Hat seine letzte Miete nicht bezahlt. War ein Latino. War nicht von hier.

15. Oktober, 10.00–13.00 Uhr, Manville VFW Hall, saisonale Grippeimpfung: WENN SIE 65 JAHRE ODER ÄLTER und KRANKENVERSICHERT sind (Plan B) – ist Ihre Impfung KOSTENLOS: Wenn Sie allerdings ein »Managed Care«-Patient, also HMO-versichert sind, müssen Sie Ihre Impfung selbst bezahlen (»you must pay for your shot!«).

Perth Amboy, pilot whale, sun goes down, fairy tale

Oft genug treiben die unmöglichsten Dinge in den Flüssen, bis sie irgendwann, mit etwas Glück, im Meer verschwinden. Der Raritan bildet keine Ausnahme, kaum sehe ich genau hin, treiben ein paar Transparente an mir vorüber, die irgendwer erst vor Kurzem entsorgt haben muss (sie scheinen gar nicht aufgeweicht). Überdeutlich kann ich die Aufschrift erkennen: »Thanks god for satan«. Für das Kleingedruckte reicht es wirklich nicht. Die Frau mit den Mokassins ist vielleicht schon am Meer, kehrt zurück nach Europa und lässt sich gebührend feiern. Nach Hause! Zurück zum Alten Kontinent! Gibt es Amerika wirklich? Gibt es mich noch?

Ein Wal, der am Montag im Raritan River gesichtet worden war, strandete, nachdem er den Fluss auf- und abgeschwommen war, nahe Catalpa Avenue und Sadowsky Parkway in Perth Amboy und verstarb. Bill Schultz, ein Raritan River Ranger, verlautbarte, das Tier sei bis 23.00 Uhr am Leben gewesen und danach gestorben. Zwölf Menschen, unter ihnen Mitglieder der Feuerwehr und Polizei von Perth Amboy, mussten dabei helfen, den Wal in einen Transporter zu hieven. »Wahrscheinlich gibt es heute Morgen mehrere Bandscheibenvorfälle in der Stadt«, so Schultz. Um ca. 15.00 Uhr erreichte der Wal das »Stranding Center« in Brigantine, wo er über Nacht blieb. Am frühen Morgen wurde er schließlich in die »New Bolton«-Schule für Veterinärmedizin der Universität Pennsylvania gebracht. Laut Schultz habe der Wal keine sichtbaren Verletzungen davongetragen. Er geht davon aus, dass es mehrere Tage dauern wird, bis man die Todesursache des Wals wird abklären können.

Kommentare: ira23, 18. August 2009, 12.13 Uhr: Oh nein, große Not, Fudgie der Wal ist tot, schnell, schnell, stopft ihn aus und stellt ihn auf vor dem neuen Rathaus, du schönes Perth Amboy. nujerzfan, 18. August 2009, 13.13 Uhr: … was könnte ihn wohl umgebracht haben, gar der Raritan River in Perth Amboy? allknowingnj, 18. August 2009, 13.22 Uhr: Die Eingeborenen werden wahrscheinlich eine Parade veranstalten und das Ding aufessen. halfbaked06, 18. August 2009, 13.24 Uhr: Oh nein, Christus selbst ist gestrandet! Schnell, zurück mit ihm ins Wasser. Zu spät! halfbaked06, 18. August 2009, 13.24 Uhr: Perth Amboy? Ich bin mir sicher, der ist erschossen worden. madjersyan, 18. August 2009, 13.28 Uhr: Ich habe mir sagen lassen, dass ihn der Handlanger eines skrupellosen Gangsters getötet hat. stinkstool, 18. August 2009, 14.12 Uhr: Sushi Restaurants, macht euch an die Arbeit ... es ist Zeit fürs Walgelage!!! njemt242, 18. August 2009, 16.53 Uhr: Wie kann bitte irgendetwas in den Gewässern von Perth Amboy überleben? meyeahme, 20 August 2009, 13.39 Uhr: Ihr solltet Perth Amboy einen Besuch abstatten, bevor ihr weiter irgendetwas Schlechtes über die Stadt schreibt ... in den Hinterhöfen wird manchmal geschossen, na und? ... dafür haben wir einen süßen, unschuldigen Wal, der sich verirrt hat ... genau, werft einfach eine Bombe auf Perth Amboy, diesen Abschaum von New Jersey.

South Amboy, raindrops, colour blue, sixteen tons on the moon

Letzte Nacht überkam mich ein seltsamer Traum ... ich erinnerte mich an die unzähligen Karl May-Lektüren meiner Kindheit, immerzu sehnte ich mich danach, mit edlen Wilden durch die Prärie zu reiten, in Flüssen zu schwimmen, auf dem Kriegspfad zu sein. Besagter Traum spielte allerdings in orientalischeren Gefilden von Mays Universum, die Wüstensöhne gaben den Ton an, sie hielten mich schließlich an einer Weggabelung auf.

»Kara Ben Bohemsi«, hier kannst du nicht weiter, sagten sie und lachten schelmisch. Kara Ben Bohemsi, murmelte ich am nächsten Morgen beim Frühstück in South Amboy, was zum Teufel war aus Kara Ben Nemsi, dem, wie wir wissen, Old Shatterhand, geworden? Man riet mir, hier vor Ort ein Haus zu kaufen, dann könne ich ewig so weiterträumen und noch viele ähnliche Geschichten schreiben. Unterdessen wühlen die ersten schweren Regentropfen den Raritan auf, das Wasser tanzt und wir träumen weiter, sterben langsam, mit einem Schlüssel in der Hand.

Frage: Hat jemand etwas Gutes (oder Schlechtes) zu den folgenden Orten zu sagen: River Road und Highland Avenue? Und was ist eurer Meinung nach die beste Gegend in South Amboy, um ein Haus zu kaufen? Antwort: Die Gegend um die River Road ist recht hübsch. Man muss allerdings bedenken, dass sich der Raritan River in der Nähe befindet und es daher bei starken Regenfällen zu Überschwemmungen kommen kann. Sowohl die Buena Vista als auch die Highland Avenue sind selbstverständlich Durchgangsstraßen. Das kann recht praktisch sein, wenn es sich auf der River Road staut. Natürlich darf man nicht vergessen, dass es im Herbst in Richtung Rutgers Stadion aufgrund der Football-Spiele auch problematisch werden kann. Alles in allem fließt der Verkehr, den ich in der Gegend gesehen habe, aber ganz gut.

Piscataway, darkness, if I die before I wake, pray the lord my soul to take

Ich muss gestehen, ich bete nie, vielleicht wäre es an der Zeit, hier in Amerika damit anzufangen. Kaum entferne

ich mich vom Fluss, sachte die angrenzenden »Stätten« betretend, schon stolpere ich über eine der ansässigen Kirchen, an jeder zweiten Ecke wird einem das Beten und Preisen nahegelegt. Glaubensgemeinschaften, von denen ich noch nie etwas gehört habe, die sich hier ihre Tempel leisten. Immerhin reise ich durch ein Land, in dem man angeblich mit einem zur rechten Zeit (und öffentlich) gesprochenen Gebet sogar Präsidentschaftswahlen gewinnen kann. Den mehr als siebenhundert Herzpatienten in neun amerikanischen Krankenhäusern war allerdings nicht zu helfen – im wissenschaftlichen Auftrag sprachen Angehörige christlicher und nichtchristlicher Glaubensgemeinschaften unzählige Gebete für sie, aber alle starben. In Piscataway stört das natürlich niemanden. »Pis-cat-away«, bin ich der Einzige, der hier einen Übergriff gegen Feloidae (Miezenartige) wittert? Das Leben wird vom Fluss bestimmt, höre ich, und natürlich der ruhmreichen Geschichte, dieser langen Geschichte Amerikas, die doch irgendwie erst gestern war.

Dr. Paul B. Jennings behauptete neulich, dass er noch eine alte Rechnung mit der Britischen Krone offen habe, die beglichen werden müsse. Als Eigentümer des ältesten Anwesens in Middlesex County und Vorsitzender des städtischen Denkmalschutz-Beirates in Piscataway findet er, dass Großbritannien »endlich zurückgeben soll, was seine Soldaten während des Unabhängigkeitskrieges aus dem Anwesen mitgenommen haben«. Ein Vorbesitzer des 1720 erbauten Bauernhauses in der River Road gab ihm ein Exemplar der Entschädigungsliste, die am 3. September 1782 im Trentoner Amtshaus von John Smock, dem damaligen Hausbesitzer, ausgefüllt worden war. Er verlangte u.a. die Rückgabe von 2 Stuten, 6 Färsen

(Kälbern), 4 jungen Ochsen, einem Bullen, 18 Schafen und einem Ochsengeschirr.

Raritan, Raritan, Marines, it cleans

»The Marines – The change is forever. The few. The proud.« Um sich für das Offizierskorps-Programm der Marines bewerben zu können, müssen Studenten US-Bürger, in einer Universität oder Hochschule eingeschrieben und bereit sein, physische und psychische Herausforderungen auf sich zu nehmen.

Auszüge aus der Webseite der US-Women-Marines (www.womenmarines.org): GySgt Iris Valentin, Truppengattung: USMC (United States Marines Corps), gedient: 1991–heute, Kommentar: Froh, zu den Besten zu gehören!!!! OHH, RAH!!!!!!!! SEMPER FI – Immer treu. Lauretta Bienvenu-Minor, Truppengattung: USMC, gedient: 1982–2002, Kommentar: Dank an die, die vor mir gedient haben, die mit mir gedient haben und die jetzt dienen. Gott schütze euch alle! Cpl. Shirley »Pepper« Warrens, Truppengattung: USMC, gedient: April 1955–April 1958, Kommentar: Kolonne 5A. Stationiert in Eltoro UMAS MOS 6700. Habe die Marines geliebt und werde es immer tun. Semper Fi an alle Marines und ein ganz besonderer Dank an die Women Marines, die im Irak und in Afghanistan dienen. Susan Cannon Hiller, Truppengattung: USMC, gedient: 6/67–2/69, Kommentar: Einmal ein Marine, immer ein Marine! Judith Gifford, Truppengattung: USMC, gedient: 1978–1981, Kommentar: Bin so stolz auf die Frauen da draußen. Gott schütze unsere Marines. PFC Latasha R. Poole, Truppengattung: USMC, gedient: 17. November 2008–heute, Kommentar: Ich bin gerade erst den USMC beigetreten und ich liebe das Marines-Korps. Und

ich finde es aufregend, dass es eine Webseite gibt, auf der die Geschichte, die Gegenwart und die Zukunft der Women Marines gezeigt wird. Virginia (Minshall) Swartz, Truppengattung: USMC-WR, gedient: November 1944–Mai 1946, Kommentar: Beste Zeit meines Lebens! Ich hoffe, von jemandem zu hören, der auch vor so langer Zeit gedient hat. Wir werden immer weniger, immer stolzer, jedes Jahr, weil wir ständig Schwestern verlieren. Kathy Cook Porter, Truppengattung: USMC, gedient: 1979–1981, Kommentar: Ich finde es toll zuzusehen, dass die jungen Frauen noch härter rangehen als wir es getan haben. Wir öffneten die Tür und sie boxen sich durch. Hurra! Semper Fi. Debra B. Dodson, Truppengattung: USMC, gedient: 1982–1986, Kommentar: Was für eine Ehre, die Möglichkeit gehabt zu haben, mit so erstklassigen Frauen zu dienen. Semper Fi! Meine Schwestern!

Sayreville, isolated thunderstorms, land of the free, pay the fee

Ich weiß kaum noch, wie lange ich dem Raritan schon folge, früher wäre ich längst von wilden Tieren vertrieben worden, die zum Fluss gezogen waren, um ihren Durst zu stillen. Meine letzte Zigarette pendelt zwischen meinen Lippen, hin und her, unscheinbare Rauchschwaden verschwinden zwischen den wächsernen Blättern und Nadeln, der hier vorherrschenden Vegetation der Lärchen und Gelbkiefern. In Sayreville höre ich von einem US-Soldaten in Bagdad, der die Armee der Vereinigten Staaten um die Erlaubnis bat, den Hund von Saddam Hussein mit nach Texas nehmen zu dürfen. Wie man weiß, sei der Wolfshund während der amerikanischen Angriffe auf den Republikanischen Palast geflohen und weiche US-Soldat Steven Joe seitdem nicht mehr von der Seite. Sayreville ist, wie ich den Gesprächen entnehmen darf, gänzlich dagegen, einen irakischen Wolfshund einzubürgern.

Es bleibt anzumerken, dass Churchills Papagei »Charlie« immer noch am Leben ist, nach wie vor krächzt er am liebsten »Fuck Hitler« und »Fuck the Nazis«! Nach Churchills Tod im Jahre 1965 kaufte ein Tierhändler den Papagei, allerdings wurde dieser, als er ständig vor seinen Kindern fluchte, schließlich in ein Gartencenter ins Exil geschickt. »Charlie ist inzwischen etwas zerzaust, aber wir hängen alle sehr an ihm«, sagte unlängst eine der Angestellten des Centers zum »Daily Mirror«. Und auch Bon Jovi kommt mir in den Sinn, kein Wunder, zählt er doch zu den prominentesten Söhnen dieses Landstrichs. Schwamm vielleicht als Kind im Raritan umher und trat auf spitze Scherben.

Jon Bon Jovi wurde als John Francis Bongiovi, Jr., in Perth Amboy/Sayreville, New Jersey, als Sohn zweier ehemaliger Marines, Friseur John Francis Bongiovi, Sr. und Ex-Playboy-Bunny Carol Sharkey, geboren. Semper Fi!

Somerville, too hot here, the way I feel

Bevor ich in die Vereinigten Staaten aufbrach, legte mir meine Mutter nahe, mich vor Drogen in Acht zu nehmen, einen weiten Bogen um dunkle Gassen zu machen, nicht mit dem Gesetz in Konflikt zu geraten, nicht mit Fremden zu sprechen (was mir, zugegeben, etwas schwerfiel), immer die Apartements abzusperren, auf den Straßenverkehr zu achten und sofort abzureisen,

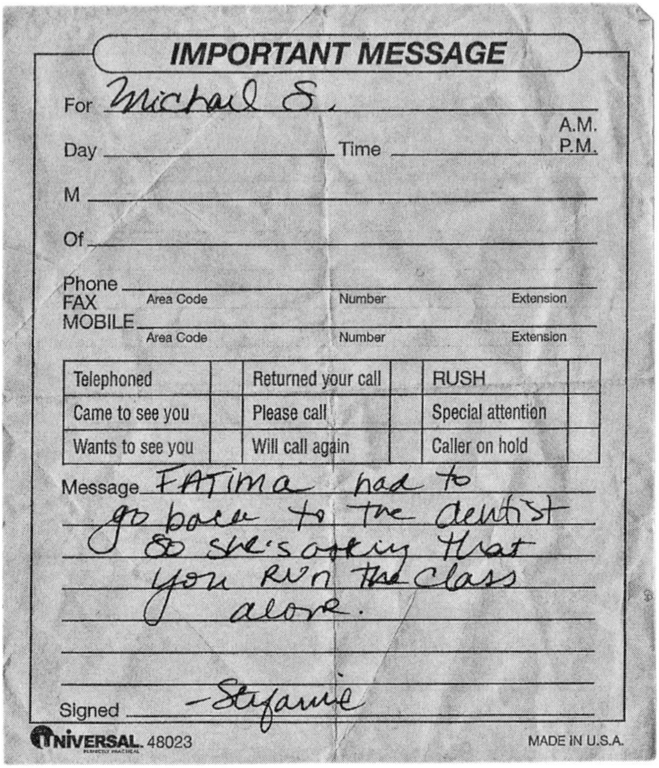

IMPORTANT MESSAGE

For Michael S.

Day ______ Time ______ A.M. P.M.

M ______

Of ______

Phone ______
FAX Area Code Number Extension
MOBILE ______
Area Code Number Extension

Telephoned		Returned your call		RUSH	
Came to see you		Please call		Special attention	
Wants to see you		Will call again		Caller on hold	

Message FATIMA had to go back to the dentist so she's asking that you run the class alone.

Signed —Stefanie

UNIVERSAL. 48023 MADE IN U.S.A.

wenn mir das Leben irgendwie missfällt. Als ich im Taxi saß, das mich vom Flughafen zu meiner ersten Unterkunft brachte, querte ich zum ersten Mal diesen dunklen, etwas verloren wirkenden Fluss. Wie dieser heiße, wollte ich wissen und der Fahrer brummte nur: Raritan.

Raritan … später werde ich in Wien sitzen und mich schemenhaft an Amerika erinnern: Klaus Theweleit und seine Pocahontas und wie wir im Zug nach New B. sitzen und noch was trinken gehen und gemeinsam »this is the end« summen und ich noch staune, dass ihm Lynyrd Skynyrd gar nichts sagt. Und Fatima, wie sie mich begrüßt und besorgt schaut: Hast du schon wieder abgenommen? Und Chris, den sie hier alle den »französischen Barack Obama« nennen und der mir (ganz nebenbei) das beste Quiche der Neuen Welt auftischt …

Auf der Suche nach Müttern – Bridgewater/Raritan/Somerville: Hallo! Ich bin eine 31-jährige Mutter eines 16 Monate alten Jungen. Ich bin Vollzeitmutter, habe keine Freunde und bin auf der Suche nach einer Spielgruppe, damit sich mein Sohn mit anderen Kindern austauschen kann und ich ein paar neue Freunde mit Kindern finde, um gemeinsam etwas Zeit zu verbringen und ein bisschen zu plaudern (über was auch immer). Andere Menschen mit Kindern zu treffen, ist nicht ganz einfach und ich weiß nicht so recht, wo ich anfangen soll. Weiß irgendjemand einen guten Rat oder eine Gruppe für mich? S.K. antwortet aus New York am 28. Mai 2008: Hallo! Ich bin ebenfalls eine Vollzeitmutter, mit einer 22 Monate alten Tochter. Ich bin gerade einer »Meetup Moms«-Gruppe beigetreten, die einem viele Möglichkeiten anbietet, unter Leute zu kommen und neue Freunde zu treffen. Es gibt eine Menge interessanter Themen, Diskussionsrunden und

Aktivitäten für Vollzeitmütter. Du hast doch die »Bridgewater Super Mommies« in deiner Nähe. Schau mal auf Meetup.com. Ich denke, das könnte dir weiterhelfen. Ich bin ja an sich schüchtern und gerne daheim, aber ein bisschen was zu unternehmen, das tut schon gut. Ich wünschte, ich hätte das früher gemacht …

South Bound Brook, sunny mind, fill me up my friend, we're off to never never land

Die ukrainisch-orthodoxe Kirche Amerikas, es ist die erste ihrer Art, auf die ich stoße, verlegte irgendwann ihren Hauptsitz nach South Bound Brook. Wie viele Ukrainer hier leben, will ich im nächstgelegenen Starbucks (in irgendeinem Vorort) wissen … alle sind sich einig: Keine! Woran man einen Ukrainer eigentlich erkennt? Frage ich nach, ernte dafür aber betretenes Schweigen. Bestimmt wie dieser Putin, murmelt einer. Und Ukrainerinnen? Die sind blond und langbeinig und allesamt Schlampen, wissen sie alle. Jedenfalls die, die in die USA kommen.

This week's question in South Bound Brook (local newspaper): Should we return to the moon?
Yes: 42,1 %/No: 57,9 %

South River, cold day, no play, no return, no return

In Borneo lebten angeblich einst wilde Männer, die es allesamt auf lediglich 40 Inches brachten, 45 Pfund schwer. Waino und Plutano hießen zwei von ihnen, die nach einem wilden Handgemenge im Jahr 1880 von bewaffneten Seeleuten in die USA gebracht worden waren. Die Brüder traten fortan in einer Freak-Show auf … bekannt für ihre Bärenkräfte, stemmten sie überproportional schwere Gewichte und maßen sich in Rangeleien mit zahlenden Besuchern. In fünfundzwanzig Jahren verdienten sie dadurch etwa 200 000 Dollar, was damals eine enorme Summe war. Waino starb 1905, sein Bruder sieben Jahre später, man begrub sie irgendwo in Ohio, unter einem Grabstein mit der Aufschrift: »Little Men«.

Auf dem New Yorker Kennedy Airport wurde heute eine Person verhaftet – wie sich später herausstellen sollte, der Lehrer einer öffentlichen Schule –, als sie versuchte, in Besitz eines Lineals, eines Winkelmessers, eines Geodreiecks, eines Rechenschiebers und eines Taschenrechners an Bord eines Flugzeugs zu kommen. Bei einer morgendlichen Pressekonferenz sagte US-Generalbundesanwalt Alberto Gonzales, er glaube, der Mann sei Mitglied der berüchtigten Al-gebra-Bewegung. Er wird nun vom FBI beschuldigt, Waffen des Mathematikunterrichts bei sich zu haben. »Al-gebra ist ein furchterregender Kult«, sagte Gonzales. Sie begehren durchschnittliche Lösungen durch Sätze und Gegensätze, und kommen manchmal von Tangenten ab, um einen absoluten Wert zu finden. Sie bedienen sich geheimer Codenamen wie »x« und »y« und bezeichnen sich selbst als »Unbekannte«, aber wir haben herausgefunden, dass sie zu einem gemeinsamen

Nenner der »Achse des Lösens« mit Koordinaten in jedem Land gehören. Zu der Verhaftung befragt, kommentierte Präsident Bush lapidar: »Reden (und Rechnen) führt zu unklaren, sehr undeutlichen Dingen.«

Woodbridge, evening, eat the rich

Ich lasse es mir nicht nehmen, einmal durch den Raritan zu waten, die Abendstimmung lockt, keine Brücke in Sicht, aber gleich hinter der nächsten Biegung muss Woodbridge liegen. An einer der seichten Stellen wage ich es: Schnüre die Bergschuhe fest, kremple die Hosenbeine hoch und steige in das für diese Jahreszeit viel zu warme Wasser. In Romeros Zombie-Film »Land of the Dead« realisieren sogar die stumpfsinnigsten Kreaturen, dass sie Flüsse queren können, um an anderen Ufern aufzutauchen. Zwischen lockenden Lichtern, flimmernden Neonreklamen und warmen Betten, die ihnen selbst so lange Zeit verwehrt blieben. In der Mitte des Flusses stolpere ich beinahe über einen unversehens in einer Sandbank gestrandeten Kinderwagen. So endet mancherorts also die Kindheit, kommt mir in den Sinn, genauso enden und beginnen Geschichten, die von Flüssen weitergereicht werden: mit fauligen Ästen, schlammigen Bänken und dem immerzu mitgeführten Geröll.

WOODBRIDGE – In Woodbridge ist es schwierig, ein Graffiti zu finden, sogar, wenn man gezielt danach sucht. Sobald irgendwo Farbe aus einer Spraydose oder von einem Marker auf einem Schild, einer Wand oder einem Spielplatz entdeckt wird, dauert es nur ein paar Telefonate, bis die Polizei oder eine städtische Reinigungsfirma vor Ort ist. WOODBRIDGE

– Gras, Blätter, Schlamm, Vögel und Kaulquappen sind die Dinge, die man am Raritan finden sollte. Doch eine Gruppe von 106 Highschool-Schülern, Pfadfindern und Beamten fanden – und beseitigten – eine Menge widerlichen Unrat in diesem Ökosystem: eine alte Schlafcouch, Rasenmäher, acht Fahrräder, mehrere Fernseher, ein Dutzend Reifen und sogar einen kompletten Autorahmen mit einem Benzintank, einem halben Motor und einem Nummernschild. Manchmal, so ein Polizeisprecher, finden sich sogar Knochen und angeschwemmte Leichenteile.

For more information regarding the Raritan River Initiative or the website please contact Dr. Judy Shaw at (732) 932-5475 720 or Judy.Shaw@rutgers.edu

Der Autor dankt Fatima Naqvi und dem German Department der Rutgers University, New Brunswick, USA.